원전 없는
세상을 부탁해

원전 없는 세상을 부탁해
청소년을 위한 탈원자력발전 핸드북

초판 1쇄 발행 2018년 12월 15일
초판 2쇄 발행 2020년 1월 20일

기획	전국사회과교과연구회
지은이	박남범 김선아 김태호 이두현 전혜인 조정은
펴낸이	이영선
편집	강영선 김선정 김문정 김종훈 이민재 김연수 이현정
디자인	김회량
독자본부	김일신 김진규 정혜영 박정래 손미경 김동욱

펴낸곳 서해문집 | 출판등록 1989년 3월 16일(제406-2005-000047호)
주소 경기도 파주시 광인사길 217(파주출판도시)
전화 (031)955-7470 | 팩스 (031)955-7469
홈페이지 www.booksea.co.kr | 이메일 shmj21@hanmail.net

ISBN 978-89-7483-970-3 43300

이 도서의 국립중앙도서관 출판예정도서목록(CIP)은 서지정보유통지원시스템 홈페이지(http://
seoji.nl.go.kr)와 국가자료공동목록시스템(http://www.nl.go.kr/kolisnet)에서 이용하실 수
있습니다.(CIP제어번호: CIP2018037958)

원전 없는 세상을 부탁해

청소년을 위한 탈원자력발전 핸드북

전국사회과교과연구회 기획
박남범 김선아 김태호 이두현 전혜인 조정은 지음

서해문집

들어가는 글

어느 날 교실로 들어온 탈원전·탈핵

"선생님, 교실 흔들리는 것 느끼셨어요?"

"저번엔 경주에서 이번엔 포항에서 지진 났는데 앞으로 원자력발전소는 괜찮을까요?"

"후쿠시마에서는 아직도 원자력발전소 해체작업을 하고 있다는데요"

2011년 3월 후쿠시마 원전 사고를 뉴스로 듣고, 2016년 경주 지진, 2017년 포항 지진을 몸소 겪고 느꼈던 학생들은 원자력발전 문제를 이제 '내 삶의 문제' '우리의 문제'로 생각하게 되었습니다. 그런데 교과서 어디에도 이 문제에 대해 제대로 다루고 있지 않습니다. 또한 청소년의 눈높이에 맞는 도서를 찾는 것도 어려웠습니다. 이에 다양한 전공을 가진 선생님들이 그 어느 날 교실로 들어온 이 문제에 대해 머리를 맞대고 오랜 시간 고민을 했습니다. 선생님들은 오늘날 원자력발전의 실상과 앞으로 우리가 가야 할 탈원전의 길에 대해 보여주면서, 청소년들이 생각해보고 이야기해볼 수 있는 경험을 주고 싶었습니다.

이 책에는 문제집처럼 '정답과 해설'이 있지 않습니다. 오히려 경우에 따라서는 독자 여러분들이 이 책을 읽고 나서 더 많은 고민과 혼란에 빠질 수도 있습니다. 하지만 '정답 없음'과 '알 수 없음'에 대해 실망하지 않았으면 합니다. 이 책을 비판적으로 읽어나가다 보면 다양한 시각에서 탈핵·탈원전 문제에 다가갈 수 있게 될 것이기 때문입니다.

'있는 그대로의 원자력발전'과
'탈원전·탈핵의 길'

"선생님, 원자력발전소 가동 안 하면 이젠 여름에 시원하게 에어컨 못 트나요?" 2018년에 겪은 100년 만의 무더위에 한 학생이 교실에서 질문을 했습니다. 그날 신문을 검색해보니 '신재생 늘수록 블랙아웃 커진다?' '누진제 폭탄 맞나? 블랙아웃보단 전기료가 더 걱정' '이대로 가면 블랙아웃 위기감… 전력수급 문제없나' 등의 기사가 나옵니다. 일부 언론에서는 탈원전정책이 전기요금 폭등과 블랙아웃을 가져올 것이라고 예측했습니다. 실제로 그런 일은 벌어지지 않았지만, 많은 학생들과 국민들은 이런 언론 보도를 접하며 불안감을 가질 수밖에 없었습니다.

다시 교실로 돌아와 중·고등학교 교과서를 펼쳐봅니다. 교과서에는 원자력발전, 탈원전이 어떻게 나오고 있을까요? 물리 교과서에서 원자력을 설명하고, 지리 교과서에서 에너지발전 현황을 잠깐 언급하고 있습니다. 선생님도 학생들도 교과서만으로는 갈증을 느낄 수밖에 없습니다. 이 책은 그런 갈증을 조금이나마 해소시켜주기 위해 만들어졌습니다.

1장 '도대체 원자력이란 무엇인가?'를 읽어보며 우라늄, 일상 속 방사능, 원자력과 원자력발전에 대해 자세히 이해할 수 있습니다. 2장 '원자력은 어떻게 우리 일상으로 들어왔을까?'에서는 원자력발전의 원리와 에너지에 대해 다각적으로 접근할 수 있습니다. 3장 '원자력은 경제적인 에너지인가?'와 4장 '원전은 세계에 얼마나 많은가?'에서는 원자력발전 에너지에 대한 계산을 통해 원자력발전이 값싼 에너지가 아님을 알아보고, 전 세계의 현황을 종합적으로 분석해봅니다. 5장 '세계는 원전 사고에 어떻게 대응했을까?'를 읽어보며 전 세계에 일어났던 원전 사고와 그 이후의 모습을 관찰해볼 수 있습니다. 6장 '우리의 숙제, 탈원전은 가능할까?'와 7장 '원자력발전의 대안은 무엇일까?'에서는 우리나라 원자력발전의 문제, 에너지 정책 전환을 이해하고, 탈원전을 실천하고 있는 나라들을 알아보며 우리나라가 가야 할 탈원전의 길을 모색해봅니다.

"미래세대인 우리 문제인데 왜
우리 의견을 듣지 않나요?"

2017년에 신고리 5·6호기 공론화위원회가 구성되어 활동을 했습니다. 위원회를 통해 원자력발전소 건설, 향후 에너지정책 등에 관한 심도 깊은 사회적 토론이 이루어졌습니다. 위원회는 이미 건설 중이던 신고리 5·6호기 건설을 재개하고, 앞으로 원자력발전을 축소하는 방향으로 국가 에너지정책을 권고했습니다. 위원회 활동으로 전 국민의 관심사가 높아졌다는 것을 확인하고 넘어갈 이 사안에, 교사인 저에게 불만을 이야기한 학생의 얼굴이 기억에 남습니다. '찬·반 양측 모두 미래세대인 우리가 중요하다고 하는데, 왜 청소년들에게 이 사안에 대해 제대로 알려주지도 않고, 우리 의견을 들으려고 하지 않느냐'는 이야기였습니다. 교사이자 어른으로서 부끄러움과 미안함을 느꼈습니다.

　이 도서를 고민하고 집필한 지 3년의 시간이 흘렀습니다. 그 시간 동안 우리 청소년·학생들과 더 가까이 머리를 맞대고 같이 고민하고 공부하며, 그들의 이야기를 귀 기울여 듣기 위해 지속적인 수정을 거쳤습니다. 이 책을 통해 탈원전·탈핵문제에 대한 각자의 생각을 정리해본 뒤 주위 사람들과 다양한 방식으로 의견을 나누게 되기를 바랍니다.

집필을 하는 동안 지속적인 응원과 자극을 준 우리 제자들에게 고마움을 전합니다. 또한 도서 검토 및 감수에 정성을 다해준 전국사회과교과연구회에 감사한 마음을 전합니다. 마지막으로 어려운 출판 환경에서도 이 도서가 출간되도록 하나하나 신경 써주신 서해문집 출판사에 감사한 마음을 표합니다.

저자들을 대표하여, 박남범

차례

도대체
원자력이란
무엇인가?

옐로 케이크의 탄생

인류는 농업을 시작하면서 저장을 목적으로 토기를 만들었다.
토기는 개선을 거듭하면서 다양한 형태의 도자기로 발전했다.
진흙으로 형태를 만든 후 불에 굽기 전, 도자기의 강도를 높이
고 아름다움을 더하기 위해 표면에 매끄러운 약을 덧씌우는데,
이를 유약이라고 한다. 유약은 고대 이집트에서 처음 사용한
것으로 알려졌으며, 그 원료는 다양한 규산염 광물들이었다.
고대 로마인들 역시 도자기에 여러 가지 빛을 내기 위해 다양
한 유약을 사용했다. 그런데 노란색이나 주황색, 검정색 빛을
내기 위해 무언가 위험한 물질을 사용했다. 이 물질은 중세 이
후에도 이어져 유럽의 생활 도자기 전반에 걸쳐 사용되었으며,
채색 유리와 타일의 빛을 내는 재료로도 이어져 현대까지 내

려오게 되었다. 하지만 1970년대 그 물질의 위험성이 세상에 알려지면서 사용이 금지된다. 이 물질은 산화물이 주로 노란색과 연한 갈색을 띠어 서양에서는 옐로케이크Yellow Cake라고 불렀다. 과연 이 비밀의 물질은 무엇일까?

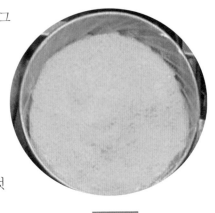

우라늄 광석 가공 과정에서 생선된
우라늄 정광(옐로케이크)

그것은 원소기호 'U'(라틴어: uranium), 원자번호 '92', 바로 '우라늄'이다. 황색 빛의 산화우라늄(U3O8)으로 인해 '옐로케이크'('옐로yellow'란 이름은 초기 공정에서 얻어진 농축물의 색깔과 구조에서 비롯되었다)라는 별명이 붙었지만, 원래 색은 갈색이나 검은색이다. 천연 우라늄 광석 1t(톤)을 채굴해 불순물을 제거하면 약 1kg 정도의 순수한 우라늄을 얻을 수 있을 정도로 그 양이 매우 미미하다.

이 원소가 처음 발견된 것은 산업혁명이 시작되던 18세기 후반이다. 1789년, 독일의 화학자였던 클라프로트Martin Heinrich Klaproth(1743~1817)는 우라늄 광물의 일종으로 덩어리 형태인 피치블렌드pitchblende*라는 광석을 발견했다. 당시 이 광

---

* 섬우라늄 광석의 일종. 독일어에서 pech는 타르, blende는 광물을 의미한

석은 아연(Zn), 철(Fe), 텅스텐(W)의 혼합물로 받아들여지고 있었다. 클라프로트는 피치블렌드를 녹인 후 중화시켜 노란색 침전물을 얻었다. 이를 다시 숯과 함께 가열시킨 결과 검은색 가루를 얻을 수 있었다. 새로운 금속을 얻었다고 생각한 그는 이 가루에 '우라늄uranium'이라는 이름을 붙였다. 우라늄은 그리스 신화에서 하늘의 신을 뜻하는 '천왕성Uranus'에서 유래한 것이다. 우라늄의 발견은 그 이름에서 알 수 있듯이 당시 새롭게 발견된 천왕성만큼이나 신비로운 일이었다. 금속 우라늄을 실제로 얻은 것은 우라늄 발견 후 약 50년이 지난 1841년, 화학자인 외젠 페리고Eugene-Melchior Peligot(1811~1890)에 의해서였다. 이후 1898년 화학자 마리 퀴리Marie Curie는 우라늄 광석에서 훨씬 강한 방사능을 가지는 라듐(Ra)을 발견했다. 이를 통해 그녀는 최초의 여성 노벨상 수상자가 되었다.

우라늄은 원자량 238.02의 은색 방사성 금속원소다. 동일한 원소로 양자수가 일정하면서 중성자수가 달라 질량이 다른 동위원소다. 원소 주기율표를 보면 산출량이 극히 적거나 산출이

다. 15세기 독일의 에르츠 산맥 은광에서 채굴하던 광부들이 이 광석을 발견했다. 당시에는 이 광석의 사용이 불가능했다. 체코의 요하임스탈이라는 은광에서도 오랫동안 산출되어 유리 공장에 보내졌고, 이 은광의 피치블렌드에서 우라늄이 발견되었다.

매우 까다로운 악티늄족(희토류)*에 속한다. 원소 그대로 존재하지 않고, 우라늄광의 산화물로 포함되어 있다. 악티늄 중에서도 89번~92번까지는 자연 속에 존재하고, 93번부터 103번까지는 인공적으로 조성된 방사성 원소들이다. 이 중 우라늄은 천연으로 얻을 수 있는 원소 중에서 원자번호가 가장 크고 무거운 92번**이다.

그것은 양성자와 중성자의 수가 그만큼 많다는 것을 의미한다. 질량이 있는 물질 사이에는 만유인력***이 작용하여 서로 붙어 있으려 하지만, 원자들 속 양성자(+)가 많아 전자기력에 의해 같은 극끼리 밀어내는 성질이 강하다. 불안정한 원자핵에 중성자를 충돌시키게 되면 원자핵이 쪼개지는데, 이를 핵분열이라고 한다.

질량수 234~239까지의 동위원소 중 가장 많은 것이 238이다. 우라늄의99.2742%가 우라늄238이고, 0.7024%만이 우라늄235이며 0.0054%만이 우라늄234이다. 그중에서 우라늄

---

* 　희토류에는 란탄 계열 광물에서 발견되는 란탄족과 방사성 원소인 악티늄족이 있다.
** 　우라늄에 비해 원자번호가 큰 넵투늄(Np)과 플루토늄(Pu) 등은 핵반응의 부산물로 발견되었다. 실제로는 천연에서 극히 미량으로 존재하기도 한다. 일반적으로는 우라늄에서 생성되는 회소 금속으로 알려져 있다.
*** 　우주의 모든 물체 간에 상호작용하는 인력. 즉, 서로 당기는 힘이다. 두 물체의 질량에 비례하고, 거리의 제곱에 반비례한다.

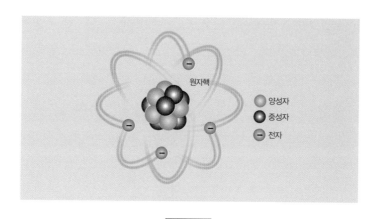

원자의 구조

235만이 핵분열을 하게 된다. 야구공만 한 크기의 우라늄에서 약 300만 배에 달하는 석탄 무게보다 더 큰 에너지를 얻을 수 있다.

제2차 세계대전 당시 일본 히로시마에 투하된 '꼬마 소년 Little Boy'이라는 암호명의 핵폭탄이 우라늄235였다. 어마어마한 파괴력을 가지고 있는 우라늄의 힘의 원천은 바로 핵분열이다. 핵분열 시 질량이 감소하면서 그만큼의 힘을 발생시키는 것이다. 핵분열 시 질량의 감소분은 0.1%밖에 되지 않지만 에너지량은 엄청나다.

여기에 앨버트 아인슈타인의 상대성이론에 나오는 질량-에너지 등가 공식인 $E = mc^2$을 적용해볼 수 있다. 즉, '에너지

⒠＝질량⒨×빛의 속도의 제곱⒞²'에 따라 1g 정도만 사라져
도, 발생되는 에너지의 양이 8만 가구가 1개월 정도 소비하는
전력량에 달한다. 이 때문에 세계는 우라늄을 원료로 하는 원
자력발전을 시작하게 되었고, 지금, 원자력은 전 세계 에너지
원별 사용량 비중의 12.8%(2016년 기준, The BP Statistical Review
of world energy 2017)를 점유하고 있다.

하지만 일본의 후쿠시마 원자력발전소 사고에서 보듯 원자
력발전소는 엄청난 재앙을 가져올 수 있다. 또한 발전 과정에
서 나오는 방사성 폐기물의 처리와 보관도 무척 위험한 일이
다. 심지어 몇몇 국가에서는 이를 악용하여 핵무기로 개발하며
인류의 생명을 위협하고 있다.

> 1Kg 목재:　　　1kWh 전력 생산
> 1Kg 석탄:　　　3kWh 전력 생산
> 1Kg 석유:　　　4kWh 전력 생산
> 1Kg 우라늄:　　50,000kWh 전력 생산

일상으로 들어온
'방사능'

"의사 선생님, 다리가 너무 아파요! 부러진 것 같은데요."

"많이 부었군요. 아직 원인을 모르니 엑스레이 촬영을 해보고 수술 유무를 결정해야겠네요!"

뼈가 부러지거나 폐에 이상이 생겼을 때 병원을 가게 되면, 이에 대한 원인을 알아보기 위해 방사선을 이용한 촬영기법인 X선 촬영(X-ray)을 하게 된다. 방사선은 빛과 달리 옷이나 피부 등을 투과하기 때문에 몸속의 상황을 쉽게 파악할 수 있다. 즉, 방사선은 '에너지가 갖는 입자 또는 파장이 매질이나 공간을 전파해가는 과정'이다. 일반적으로 방사능과 같이 사용되기에 혼동되기 마련이다. 방사선이 방사성 물질이 내는 에너지의 흐름이라고 하면, 방사능은 방사성 물질을 내는 능력, 즉 방사선을 내는 힘, 또는 강도를 의미한다. 방사선은 흔히 X선이나 컴퓨터단층촬영CT 등의 질병 진단이나 암 치료 등에 많이 사용된다. 이 외에도 지뢰 탐지, 범죄 수사, 골프공 제작, 각종 산업 현장 등 우리 일상생활의 다양한 분야에서 사용되고 있다.

유약으로만 사용되었던 우라늄의 신비로운 힘 '방사능'의 발견은 19세기로 거슬러 올라간다. 1896년 프랑스 화학자이자 물리학자인 베크렐Antoine Henri Becquerel (1852~1908)이 여행을 떠나기 전에 실험실에 우라늄과 빛이 들어가지 않도록 두꺼운 종이로 싼 필름을 서랍 안에 넣어놓았다가 우연히 새로운 현상을 발견하게 되면서부터다. 베크렐이 집에 돌아와 필름을 꺼냈

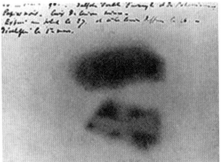

방사능을 발견한 베크렐과 필름 속 방사능 흔적

을 때 필름에는 얼룩이 생겨 있었다. 무언가가 두꺼운 종이를 뚫고 필름에 그 흔적을 남겨놓았는데, 이것이 바로 '방사선'이라는 강한 빛 때문이었다. 당시 베크렐은 방사선을 자신의 이름을 따서 '베크렐선'으로 불렀다. 방사선은 불안정한 물질이 안정을 되찾아가면서 발생되는 빛으로, 햇빛과 달리 종이나 옷 등을 통과한다. 1898년 퀴리 부인이 우라늄 광석에서 방사성 물질인 라듐을 발견했고, 이를 이용한 기술이 조금씩 발전하게 되었다. 당시에는 야광 페인트를 만드는 데 이를 사용했을 정도로 방사선의 해로움이 알려지지 않았다. 마리 퀴리와 그녀의 딸 이렌 퀴리조차도 그 사망원인이 방사능으로 인한 골수암과 백혈병이었다.

　방사선은 우리 일상생활이 이루어지고 있는 모든 공간에 존재한다. 태양이나 땅속에서 발생하는 자연 방사선 때문인데, 심지어 우리가 먹는 음식물조차도 방사선의 영향을 받는다. 사람들이 접하게 되는 자연 방사선의 양은 연평균 2~3mSv(밀리시버트)*가 된다. 여기서 1mSv는 인구 1만 명 중 1명이 암에 걸릴 수 있는 확률의 방사능 수치를 말한다. 이 수치 또한 지역마다 다르게 나타난다. 오스트레일리아 사람들의 연평균 방사선 노출량은 1.5mSv인 데 반해 미국인은 6.2mSv에 달한다. 방사선은 1mSv만 쪼여도 백혈병이나 각종 유전자 변이 등의 질병을 유발할 수 있다. 만약 시간당 2000mSv의 방사선에 노출된다면 골수 세포에 문제가 발생해 암이 생길 수 있다. 제내에 들어간 방사능은 자연 붕괴되거나 신진대사로 배설되기 때문에 누적에는 한계가 있다고 하지만, 일단 피폭(방사능 물질에 인체가 노출되는 것)되기 시작하면 그 위험이 걷잡을 수 없이 커지게 된다. 전문가들은 100mSv 이상의 방사선에 노출되면 1000명 중 5명은 암에

---

* 방사능 수치 단위는 시버트Sv·Sievert, 베크렐Bq·becquerel, 그레이Gray·gy 등이 있다. 그 용도와 양에 따라 부르는 이름이 다르다. 시버트Sv는 원자핵이 붕괴될 때 방출하는 방사선 피폭량 단위를 말한다. WHO가 정한 1년간 최대 인공 피폭 허용량은 연간 1mSv(밀리시버트)다. 베크렐은 방사능 물질의 원자핵이 단위시간당 붕괴되는 수를 말하며, 방사능 강도를 측정하는 단위로 1Bq은 1초에 한 번 핵분열할 때의 방사성 물질의 양이다. 국제적으로는 시버트(국제표준)로 통일되어가고 있다. 시버트는 단위가 너무 크기 때문에 단위를 줄여 밀리시버트mSv로 더 많이 불리고 있다.

걸려 사망하게 된다고 이야기한다. 일상 공간에서 100mSv 이상 노출되는 경우는 거의 없지만 우리의 일상 공간에서 방사선의 활용 분야는 너무나 많다. X선이나 컴퓨터단층촬영CT을 비롯해 음식을 먹거나 여행을 할 때도 방사선에 노출된다. 노출되는 부분에 따라 다르기는 하지만 흉부 X선 촬영 시에는 1회 0.1mSv, CT에서는 1회 8~10mSv의 방사선에 노출된다. 이렇게 적지 않은 방사선에 노출됨에도 불구하고 이런 진단기기의 사용량은 점점 증가하고 있다.

세상을 바꾼 위험한 원자력

2011년 3월 동일본 대지진이 발생했다. 거대한 쓰나미* 속에서 수많은 건물이 무너져내렸다. 문제는 그 중심에 있던 후쿠시마 원전이었다. 열을 제대로 식히지 못해 원자로**가 녹아내리면서 방사선에 노출된 것이었다. 제1원전 1·2호기 원자로에서 시간당 2만5000mSv에 달하는 방사선 수치를 보였다. 우리가 일상생

---

* 쓰나미つなみ는 일본말로 지진해일이라는 뜻이다.
** 핵분열이라고 부르는 핵반응이 자체적으로 유지되고 제어되는 장치.

활에서 경험하게 되는 방사선량과는 비교할 수 없을 만큼의 거대한 수치였다. 이는 인간을 20분 안에 사망에 이르게 만드는 양이다. 일본 당국은 주민들에게 긴급 대피령을 내린 가운데, 방사능 물질은 원전에서 240㎞ 이상 떨어진 도쿄에서도 발견되어 피해가 걷잡을 수 없이 커져만 갔다. 채소, 화훼류 등의 농산물을 물론이고, 하루 약 300t의 방사능 오염수가 바다로 유입되어 수산물에서도 높은 방사능 수치를 보였다. 문제는 바다로 유입된 방사능 오염수는 해류의 흐름 속에 태평양 전역으로 퍼져나갔고, 방사능에 피폭된 어류들이 이동하면서 우리의 식탁이 위협받기도 했었다는 점이다.

그런데 과연 원자력발전은 일본만의 문제일까? 지진과 화산활동이 상대적으로 적은 우리나라는 안전할까?

우리나라 최초의 원전인 부산 고리 원자력발전소에서 1993년 당시 1~4호기까지의 방사성 물질(기체요오드)이 선진국 대비 1300만 배 높았다는 사실이 밝혀졌다. 이 주변에 거주했던 주민들 중 갑상선암에 걸린 수백여 명의 주민들은 국가를 상대로 소송을 진행하고 있다. 이 중 첫 소송(2012년)을 제기했던 주민에게 법원은 국가의 책임을 일부 인정해 위자료를 지급하도록 결정(2014년)했고, 보상을 담당할 한국수력원자력은 이에 불복해 항소한 상황이다.

2009년 월성 원전 폐연료봉 교체 과정에서는 방사능 누출 사고가 발생했었다는 사실이 조직적으로 은폐되기도 했다. 폐연료봉 교체 도중 이송장비가 오작동했고, 작동 실수로 인해 폐연료봉 다발이 파손돼 연료봉 두 개가 바닥에 떨어진 것이었다. 유실된 연료봉에서는 1만mSv 이상의 방사능이 누출되었다. 엄청난 사고임에도 불구하고 담당 기관에서는 보고 대상이 아니라는 이유로 알리지 않았던 것이다. 이와 같은 상황들은 우리나라에서도 결코 원자력이 안전한 에너지 자원만은 아니란 것을 보여주는 사례다.

전 세계 발전량의 16%를 점유하는 원자력발전, 우리나라의 경우 발전량의 30.7%를 보이는 엄청난 에너지 자원이다(2016, IEA, 한국전력). 국제에너지기구IEA, International Energy Agency는 2035년이 되면 세계 원자력발전량이 66% 증가하게 될 것이라는 전망을 내놓기도 했다. 과연 원자력만이 우리 에너지의 대안일까? 지금 당장 가장 효율적인 발전 방식이라는, 경제성의 원리만으로 그 위험한 행보를 계속해야 하는 것일까? 이제는 그 '어렵지만 가야 할 길'에 대한 이정표를 우리가 함께 고민해 내놓을 때가 됐다.

방사능 피폭
위험도

만약 여러분이 유럽 여행을 계획하고 있다면 탑승하게 될 왕복 항공기*에서만 적어도 0.07mSv의 방사능에 노출되게 될 것이다. 물론, 해외여행은 자주 가는 것이 아니기 때문에 피폭량이 그보다 적을 수 있겠지만 연간 100여 차례 항공기를 탑승해야 하는 승무원들의 경우에는 그 피폭량이 연간 9mSv에 달한다. 또한 우리가 매일 먹는 삼시 세끼의 음식물도 0.35mSv의 방사능에 노출된다. 하루에 담배 1.5갑 이상을 피우는 흡연자의 경우에는 연간 13mSv의 방사능에 노출되기까지 한다. 요즘 어르신들이 많이 찾는 건강팔찌와 온열매트, 타월 등 일부 음이온 제품에서도 기준치가 넘는 방사능 수치가 측정되어 문제가 되기도 했다.** 방사능이 일상생활의 주요 이슈로 잡은 것은 어제 오늘의 일이 아니다.

2011년 서울 노원구 월계동 골목길 아스팔트에서 시간당 최대 1.9μSv(마이크로 시버트)의 방사능이 검출되기도 했다. 이곳 외에도 안전 수치를 넘는 방사능이 검출된 도로가 비일비재하다. 경기도의 한 아파트 안에서 기준치***를 훨씬 뛰어넘는 방사능 수치가 검출되었다. 국내 제철소에서는 제철의 원료인 철광석 외에도 고철을 수입해 철근을 만들어 사용하는데, 이때 방사능에 오염된 고철을 사용했기 때문이다.

---

*   WHO에서는 장거리 항공기 여행을 연간 20번 이내로 권장하고 있다. 방사능 노출이 큰 북극항로를 이용하던 국내 항공사들도 승객들과 승무원들에게 우주 방사선량을 알리기 시작했다.

**   교육과학기술부 조사에 따르면 건강 음이온 타월에서 방사성물질인 토륨(Th) 농도가 g당 최대 8.1Bq, 온열매트는 5.0Bq, 팔찌는 3.9Bq이 검출되었다. 국제원자력기구IAEA 가 정한 토륨의 안전 기준은 1.0Bq이다.

***   보통 아파트 실내의 방사능은 0.25μSv/h 이내지만, 이 아파트의 방에서 방사능 측정기값은 1.138μSv/h을 보였다.

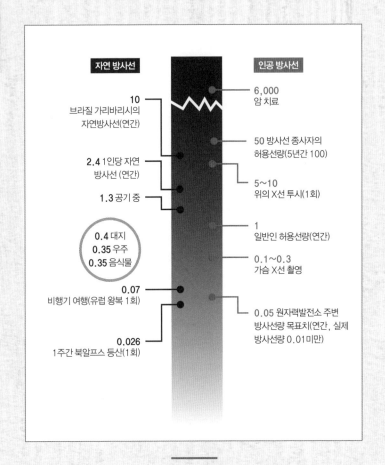

자연 방사선

10
브라질 가리바리시의
자연방사선(연간)

2.4 1인당 자연
방사선 (연간)

1.3 공기 중

0.4 대지
0.35 우주
0.35 음식물

0.07
비행기 여행(유럽 왕복 1회)

0.026
1주간 북알프스 등산(1회)

인공 방사선

6,000
암 치료

50 방사선 종사자의
허용선량(5년간 100)

5~10
위의 X선 투시(1회)

1
일반인 허용선량(연간)

0.1~0.3
가슴 X선 촬영

0.05 원자력발전소 주변
방사선량 목표치(연간, 실제
방사선량 0.01미만)

방사선의 종류와 강도

콘크리트를 만들 때 쓰레기를 재활용하는 차원에서 다른 물질들을 함께 넣다가 방사능에 오염된 물질이 포함되기도 한다.*

또한 원산지를 속이는 농산물에서도 방사능이 검출되고 있다. 후쿠시마 원전 사고 후 일본산 농수산물의 수입을 막고 있다고 하지만, 방사능의 영향이 주변으로 파급되고 있다. 특히, 후쿠시마와 멀리 떨어진 홋카이도에서 잡은 명태는 냉장 상태인 생태로 보관해 우리나라에서 수입했지만 원전 사고 후 방사능 위험에 대한 논란으로 초기에 수입이 감소하기도 했다.

최근에는 암석이나 토양에 존재하는 것으로 흔히 방사성 가스로 불리는 '라돈(Rn)'도 큰 이슈다. 체내에 흡수되면 폐 조직을 파괴하고 암을 유발한다. 일반적으로 주택의 벽이나 사무실의 벽체로 쓰이는 석고보드에서 발생한다. 석고보드 사용을 없앤다고 라돈이 사라지는 것은 아니다. 우리나라는 지질 구조상 화강암이 많이 분포해 자연 방사선 라돈이 많이 방출된다. 지면과 거리가 가까운 단독주택에서 아파트보다 그 수치가 높게 나타나며,* 특히 지하철 등 지하 공간에서의 발생량은 더 크다. 이처럼 자신도 모르는 사이 일상생활 속에서 맞닥뜨리고 있는 것이 방사능이다.

---

* 국립환경과학원이 2015~2016년 진행한 조사에 따르면 조사 주택 7940채 중 735채(9.25%)가 실내 라돈 농도 허용치(200Bq)를 초과하는 것으로 나타났다.

플루토늄이란
무엇인가

제2차 세계대전 당시 히로시마와 나가사키에 핵폭탄이 떨어졌다. 히로시마에 떨어진 것은 우라늄이었고, 나가사키에 떨어진 것은 플루토늄이었다. 북한이 플루토늄 생산을 재개할 때 우리 언론 기사에서 자주 등장하는 소재이기도 하다.

원자번호 94번의 원소로, 원소기호 'Pu'인 플루토늄은 태양계의 왜소행성인 명왕성Pluto에서 연유해 붙여진 이름이다. 우라늄 광석에 아주 미량이 들어 있을 뿐이다. 우라늄 핵연료에 많이 존재하기 때문에 이를 재처리해 얻을 수 있다. 플루토늄은 우라늄235보다 핵분열이 매우 우수하다. 더구나 사용후핵연료를 재처리해서 얻기 때문에 경제적으로 대량 생산의 장점이 있다. 사용자 목적에 따라서 원자력발전에 활용될 수도 있고, 핵무기로도 사용될 수 있다.

8000여 개 폐연료봉을 재처리하게 되면 약 8kg의 플루토늄을 추출할 수 있고, 이를 통해 핵무기 한 개를 만들 수 있다. 이러한 플루토늄이 핵무기가 되어 강력한 폭발력을 가질 경우 나가사키의 핵폭탄과 같이 인류의 생존을 위협하게 된다.

플루토늄은 위험성과 독성이 엄청난 것으로 알려져 있다. 가장 큰 문제가 되는 것이 발암효과다. 불용성입자인 산화플루토늄(PuO_2)이 체내에 들어가 0.04%만 흡수되어도 골수에 농축된다. 가용성 플로토늄을 섭취하게 되면 뼈와 간에 모이게 되고 장기에 암을 발생시키게 된다.

원자력의 시작과 과학자들

원자력발전의 시작은 전쟁의 비극과 함께했다고 해도 무방하다. 1905년 아인슈타인Albert Einstein은 다섯 편의 논문을 발표했다. 이 중에는 질량과 에너지가 서로 변환될 수 있으며, 둘 사이의 관계는 $E = mc^2$이라는 관계로 정의할 수 있다는 상대성이론을 다룬 논문도 포함되어 있었다. 물체의 질량은 광속의 제곱이라는 엄청난 공식에 의해 매개되기 때문에 아주 작은 질량을 가진 물체라도 대단히 큰 에너지로 변환될 수 있다는 이론이다.

그때까지만 해도 아인슈타인의 이 연구가 어떤 엄청난 결과를 가져오게 될지 아무도 알 수 없었다. 1934년에 이탈리아의 물리학자 엔리코 페르미Enrico Fermi가 당시에 알려진 가장 무거운 원소인 우라늄(U) 원자에 중성자를 쏘는 실험을 실행하기 전까지는 말이다. 실험을 통해 페르미는 중성자를 흡수한 우라늄 원자핵이 크게 흔들리다가 결국 붕괴하는 현상을 발견했다. 하지만 그는 자신의 실험 결과, 핵분열이 아닌 원래의 우라늄보다 더 무거운 초우라늄 원소[*]가 생성된 것으로 해석했다.

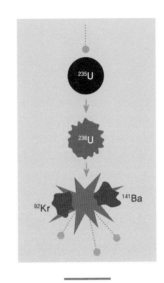

우라늄 핵분열 반응 개념도

비슷한 시기인 1938년 12월, 독일의 화학자 오토 한Otto Hahn과 프리츠 슈트라스만Fritz Strassmann도 우라늄 원자에 중성자를 쏘는 실험에서 생성되는 결과물에 대해 정밀한 분석을 실시했으며, 그 결과 그들은 방사성 물질 바륨Barium^{**}과 크립톤krypton^{***}이 생성된다는 놀라운 사실을 알게 되었다. 한의 동료 물리학자인 마이트너Lise Meitner는

---

*   우라늄보다 원자번호가 큰 원소. 방사성 원소이며 지구가 생성될 때 존재했을 수는 있으나 자연계에서는 발견되지 않았다. 원자폭탄이 터질 때 인공적으로 생성되어 존재하게 되었으며 자연계에서는 118번까지 발견되었다.

**   은백색의 무른 금속. 화합물 형태인 황화바륨으로 페인트, 플라스틱에 쓰임.

이탈리아의 물리학자 엔리코 페르미

그의 조카 프리슈Otto Frisch와 함께 연구한 끝에 우라늄 원자핵이 분열될 때 생기는 질량 결손으로 인해 막대한 에너지가 생성된다는 결론을 얻어냈는데, 이 반응을 두고 마이트너는 '핵분열 nuclear fission'이라는 용어로 표현했다.

과학자들은 여기서 멈추지 않고 핵분열 과정에서 생성되는 물질이 가져올 다음 결과를 예측했다. 헝가리 출신 물리학자 레오 실라르드Leó Szilárd는 이 과정에서 만들어지는 복수의 중성자가 후에 추가 투입 없이 연속적으로 핵분열 반응의 기하급

***　　냄새와 색깔이 없는 기체로 반응성이 낮은 비활성 기체. 지구 대기 중 극소량 존재하며 형광등, 램프 등에 밝은 빛을 내는 데 사용된다.

수적 증가를 초래하게 된다는 사실을 알게 되었다.

실험을 처음 제안한 페르미는 중성자가 원자핵에 부딪혀 새로운 원소를 만들 수 있다는 제안을 한 공로로 1938년 노벨 물리학상을 수상했으며, 이후 핵분열 연쇄반응의 속도를 조절할 수 있게 되면서 원자폭탄 개발과 원자력발전에 기여하게 되었다. 페르미를 비롯하여 핵분열 연쇄반응을 확인한 레오 실라르드 등 미국 망명 유럽 물리학자들과 아인슈타인은 원자폭탄이 히틀러의 손에 들어갈 것을 우려해, 이를 미국의 루즈벨트 대통령에게 전했고, 미국 정부는 원자폭탄 개발을 위해 비밀리에 맨해튼 프로젝트를 시작했다.

맨해튼 프로젝트 결과 1945년 7월 16일 뉴멕시코 주 앨러머고도 근처 사막 트리니티에서 시험 폭발을 거쳐, 같은 해 8월 6일 일본 히로시마에 우라늄235 폭탄을, 3일 뒤 나가사키에 플루토늄239 폭탄을 투하했다.

당시 맨해튼 프로젝트에 참여했던 과학자들은 자신들이 만든 원자폭탄의 엄청난 파괴력과 예측할 수 없는 피해를 우려하며 오히려 원자폭탄 사용을 반대하는 입장이 되었다. 자문역을 맡았던 닐스 보어Niels Bohr와 초기에 원자폭탄 개발을 적극 주장했던 실라르드 역시 원자폭탄을 일본에 투하하는 것에 반대하며 이를 저지하기 위한 다양한 시도를 했지만, 모두 실패로 돌아갔다. 미국의 과학자 로버트 오펜하이머Robert Oppenheimer는 트리니티에서 첫 원자폭탄이 폭발하는 것을 목격한 순간을 다음과 같이 회고했다.

우린 이 세상이 예전과 같지 않을 것임을 알고 있었다. 소수는 울고 또 웃었지만, 대다수는 침묵했다. 힌두 경전인 《바가바드기타》의 한 구절이 생각났다. 비슈누는 왕자에게 의무를 다하라고 설득하는 중에 자신의 위엄을 떨치기 위해 여러 팔을 펼쳐 보이며 이렇게 말한다. "이제 나는 세상의 파괴자, 죽음의 신이 되었다." 나는 우리가 어떻든지 이것을 모두 생각했다고 본다.

이 폭탄의 투하로 히로시마에서는 7만 명이 사망하고, 13만 명이 부상당했다. 나가사키에서는 2만 명이 사망하고, 5만 명이 다쳤으며, 이 외에도 회복될 수 없는 막대한 피해가 발생했다. 결국 일본이 항복을 선언하면서 전쟁이 끝났다. 하지만 수많은 인명을 앗아간 맨해튼 계획은 인류 역사상 최악의 과학기술 드라마로 평가되고 있다.

그래서 원자력이란?

많은 과학자들은 자신들의 연구가 인류에 돌이킬 수 없는 해가

될 수 있다는 것을 깨달았고, 더 이상 인류에게 그와 같은 비참한 일이 일어나지 않도록 원자폭탄 개발에 반대 입장을 내놓았다. 또 다른 일부 과학자들은 원자폭탄 개발에 이용된 핵분열이 우리 삶에 긍정적인 방향으로 사용될 수 있도록 계속적인 연구를 했다.

문명 생활을 시작한 인류는 빠른 산업화와 계속되는 발전을 이어가면서 많은 에너지를 필요로 하게 되었다. 특히 석탄, 석유와 같은 화석에너지는 인류의 생활방식을 크게 바꾸었는데, 증기기관 같은 열기관의 발달과 각종 운송수단의 등장이 대표적인 예다. 하지만 지구상의 화석원료는 한정되어 있기 때문에 과학자들은 화석에너지를 대신할 새로운 에너지원으로서 원자핵에너지를 선택했다. 그리고 지금은 우리나라를 포함한 많은 나라들이 원자력발전을 통해 많은 에너지를 얻고 있다.

원자폭탄의 원리인 핵분열 과정은 어떻게 원자력에너지를 발생시킬 수 있었을까?

오토 한과 슈트라스만의 실험에서 우라늄235의 원자핵은 중성자를 흡수하여 2개의 다른 원자핵으로 분열하는 핵분열을 일으키는데, 이때 원자핵은 전혀 다른 물질로 변화하면서 질량 결손이 일어나게 된다. 질량 결손은 아인슈타인의 상대성이론 공식에 의해 엄청난 에너지로 전환되고, 이 과정에서 중성자가 동시에 2~3개 튀어나가게 되는데, 이러한 분열이 연쇄적으

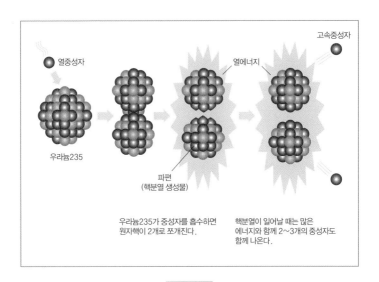

핵분열의 원리

로 일어나면 핵분열 과정을 통해 지속적으로 에너지를 얻게 된다. 하지만 핵분열 과정에서 발생한 중성자는 에너지가 큰 고속중성자이므로 우라늄 원자핵에 흡수되기 어렵다. 따라서 고속중성자의 속도를 줄여 열중성자로 바꾸고 다시 우라늄235에 흡수되게 만들면 연쇄반응을 일으켜 에너지를 얻을 수 있게 된다. 이때 고속중성자의 속도를 감속시키는 역할을 하는 것이 원자로다. 핵연료봉에 저장된 핵연료는 이와 같이 연쇄적으로 핵분열을 일으키는 재료가 된다.

원자폭탄과 원자력발전 모두 핵분열의 원리를 사용하고 있지만 원자폭탄은 핵분열이 잘 일어나는 우라늄235를 95% 이상 고농축으로 사용하여 짧은 시간에 폭발적으로 핵분열을 확산시켜 많은 에너지를 방출시키는 것이며, 원자력발전은 연료를 서서히 제어 가능한 수준으로 연소시켜야 하므로, 우라늄235가 5% 이하 정도만 포함되어 있는 연료를 사용한다는 차이가 있다.

원자력에너지란?
핵분열에너지 vs 핵융합에너지

원자력발전은 원자로에서 에너지를 취하는 방식에 따라 크게 두 가지 형태로 분류할 수 있다. 현존하는 모든 원자력발전소에서 에너지를 얻는 형태인 핵분열과 아직은 개발 단계에 있는 핵융합이 그것이다. 그렇다면 핵분열과 핵융합은 어떻게 다를까?

핵분열은 앞에서 설명한 것과 같이 질량수가 크고 무거운 원자핵이 비슷한 질량을 지닌 둘 이상의 핵으로 분열하는 과정을 말한다. 즉, 무거운 원자핵이 중성자와 충돌하여 핵으로 분열되면서 2~3개의 중성자와 에너지를 방출하는데, 이 과정에서 발생한 에너지를 사용하는 것으로, 현재 사용되는 원자력발전의 원리다.

20세기에 들어와서 실현된 것이 핵분열이라면, 핵융합 반응은 별이 탄생한 순간부터 존재한 핵반응이다. 별이 존재하기 전 우주의 차가운 가스와 먼지 들은 중력에 의해 모여 압축되고 질량이 늘어나게 된다. 이 과정에서 우주의 대부분을 차지했던 수소의 활발한 활동으로, 수소가 차지하고 있는 공간이 점점 뜨거워지고 중력에 의해 회전을 하게 되는데, 이로 인해 중심부의 온도가 높아져 1000만K 이상이 되면 수소 핵융합 반응*이 일어난다. 핵융합 반응으로 발생한 열에 의한 기체압과 중력이 평형을 이루어 안정된 모양을 유지하게 되면 우리가 일반적으로 말하는 별(주계열성)이 된다. 태양을 포함한 별들이 빛나는 이유는 바로 이 핵융합 과정에서 발생한 에너지가 빛의 형태로 방출되기 때문이다.

반대로 가스와 먼지의 양이 충분하지 않아 압축이 되는 과정에서 중심부의 온도가 1000만K 이상이 되지 않으면 핵융합 반응은 일어나지 않는다. 따라서 빛에너지도 발생하지 않으며 우리는 이들을 별 또는 항성이라고 부르지 못한다. 이 과정에서 만들어진 대표적인 행성으로는 목성이 있다.

---

* 수소 핵융합 반응은 1개의 양성자로 이루어진 1개의 수소원자핵(1H) 2개가 연쇄반응을 거쳐 2개의 양성자와 2개의 중성자로 이루어진 1개의 헬륨원자핵(4He)이 되는 과정이다.

핵융합은 높은 온도와
압력을 지닌 환경에서 2
개의 원자핵이 융합하여
충돌 전보다 무거운 원자
핵으로 바뀌는 과정인데,
이 과정에서 약간의 질량
손실이 일어나고, 이때
손실된 질량은 앞에서도
이야기한 아인슈타인의
상대성이론 공식에 의해

주계열성의 탄생

에너지로 변해 방출되는데, 이를 핵융합에너지라고 한다. 무
거운 원소보다는 가벼운 원소가 융합하는 것이 수월하기 때문
에 원소 중에서 가장 가벼운 수소가 핵융합에 적합하다. 수소
는 지구의 2/3를 덮고 있는 물의 주요 원소이기 때문에 무제한
확보할 수 있으며, 고갈될 걱정도 없으므로 수소 동위원소*가
연료로 사용되는 핵융합발전은 핵분열발전보다 비교적 원료를
쉽게 구할 수 있다는 장점이 있다. 또한 우라늄235 1kg이 핵분
열할 때 내놓는 에너지는 200억kcal 정도인 반면, 수소 1kg이 핵
융합할 때 내놓는 에너지는 1500억kcal 정도이므로 7배 이상의

---

* 원자번호는 같으나 질량수가 다른 원소(수소 ^{1}H와 중수소 ^{2}H·^{3}H 따위)를 말한다.

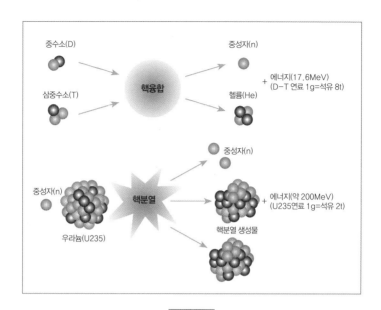

핵융합과 핵분열의 비교

에너지 차이가 난다.

이와 같이 핵융합을 이용한 발전은 바닷물 1ℓ로 석유 300ℓ 와 맞먹는 에너지를 만들 수 있을 정도로 고효율이다. 만일 사고가 발생했을 때 밖으로 빠져나오려고 하는 불안정한 플라즈마* 상태를 억제할 수만 있다면 핵분열에 의한 발전 방식의 문

---

* 기체 상태의 물질에 계속 열을 가해 온도를 올려주면, 이온핵과 자유전자로 이루어진 입자들의 집합체가 만들어진다. 물질의 세 가지 형태인 고체, 액체, 기체

제점인 폭발과 방사능 오염의 문제도 발생하지 않는다. 그러나 이렇게 이상적인 핵융합발전을 하기 위해서는 해결해야 할 기술적 과제들이 많다.

먼저, 핵융합 반응을 끌어내기 위해 태양과 유사한 환경을 만들어야 한다. 1억°C의 높은 온도와 압력을 지닌 플라즈마 상태를 만들고, 그 조건을 지속적으로 유지하는 것이 기술의 핵심이다. 특히, 고온에서 핵융합 연료를 플라즈마 상태로 토카막 안에 안전하게 가두는 것이 어려운 문제인데, 우리나라의 핵융합 장치 KSTAR에서도 이런 기술적 난제들을 단계적으로 해결하기 위한 연구를 진행 중이다.

원자력발전의 원리와 종류는?

원자력발전의 원리는 물을 끓여서 수증기를 만들고 이 증기로 터빈을 돌려 발전을 한다는 점에서는 화력발전 방식과 다르지 않다. 단, 화력발전에서는 수증기를 만들기 위한 에너지원으로 화석연료를 이용하는 것과 달리 원자력발전에서는 원자로 내

와 더불어 '제4의 물질 상태'로 불리며, 이러한 상태의 물질을 플라즈마라고 한다.

핵분열 반응에 의존한다는 점에서 차이가 있다.

　핵분열 반응은 우라늄 등의 무거운 원자핵이 중성자의 충격을 받아 라듐 α붕괴*의 50배 정도의 에너지를 방출하고, 새로 발생한 2~3개의 중성자를 이용하여 연쇄적인 핵분열을 일으켜야 계속적인 에너지 발생이 가능하게 된다. 이 과정이 가능하려면 늘어난 중성자가 원자핵에 흡수되거나 외부로 흩어져 없어지면서 연쇄반응이 중단되는 것을 막고, 그 반대로 연쇄반응이 너무 급속히 진전되지 않도록 제어해야 한다. 원자폭탄은 극히 짧은 시간에 수많은 핵분열이 동시다발적으로 일어나지만, 원자로에서는 핵분열이 서서히 일어나야 하고, 상당한 기간 동안 유지되어야 하기 때문이다. 따라서 원자로 내부는 핵연료로 사용되는 농축된 우라늄235, 오랜 시간 동안 핵분열이 효율적으로 지속되도록 하는 감속재減速材, 연쇄반응을 제어하기 위해 열중성자熱中性子(에너지 0.1eV 이하)를 흡수하는 제어봉 외에도 가연성 독봉burnable poison rod, 가연성 독물질(냉각수에 섞어서 사용)과 핵분열 시 발생하는 열을 흡수하여 수증기를 만들어 터빈으로 전달하는 '냉각재', 그리고 그 외의 구조체로 구성되어 있다.

---

*　　불완전한 상태인 라듐이 안정화되기 위해 헬륨핵 2개를 방출하고 이로 인해 원자번호 88번인 라듐이 원자번호 86번인 라돈으로 변화하는 과정.

최초의 원자로는 핵분열 실험을 처음 제안한 페르미가 1942년 시카고대학교 운동장 한쪽에 설치한 후 사용한 시카고 파일 Chicago pile 1호다. 시카고 파일은 가장 원시적인 원자로로, 직육면체의 흑연 덩어리 속에 원통형 구멍을 파고 우라늄봉들을 넣은 형태로 제작했으며, 페르미는 이 실험용 원자로를 이용해 세계 최초의 핵분열 연쇄반응을 일으키고, 이를 관찰했다.

페르미 이후 과학자들의 수많은 연구는 더욱 효율적인 원자로의 등장을 앞당겼다. 하지만 아직까지 모든 상업용 원자로는 핵융합이 아닌 핵분열에 의한 방식에 기초하고 있으며, 몇몇 실험용 원자로에서 토륨을 사용하는 것을 제외하고는 대부분 우라늄을 연료로 사용한다.

핵분열에 의한 원자로는 연쇄반응에 작용하는 중성자에 따라 열중성자로와 고속중성자로로 구분할 수 있다. 열중성자로는 느리거나 에너지가 적은 열중성자를 사용하는데, 대부분의 원자력발전소들이 이 유형을 사용한다. 앞서 이야기한 것처럼 연료로 농축 우라늄을 사용한다고 하더라도 원자로 안에 있는 우라늄 원자의 핵분열 시 방출되는 중성자의 속도가 너무 빨라서 또 다른 우라늄 원자핵과 부딪히기 전에 쏜살같이 달아나 버리고 만다. 따라서 원자로 안의 핵분열 연쇄반응을 지속시키려면 고속중성자의 속도를 열에너지 정도로 느리게 하여 열중성자로 변환시켜야 하는데, 이때 중성자의 속도를 줄여서 다른

최초의 원자로 시카고 파일 1호를 그린 그림

우라늄 원자핵과 잘 부딪히도록 해주는 물질인 감속재*가 필요하다. 열중성자로에 사용되는 감속재는 주로 질량수가 작아 중성자와 충돌하여 중성자의 속도는 감속시키지만 흡수하기는 어려운 재료를 사용하는데, 이때 냉각재와 감속재로 어떤 종류의 물을 쓰느냐에 따라 원자로를 경수로와 중수로로 나눌 수

*   원자로에서 핵반응으로 방출되는 중성자의 속도를 떨어뜨리는 데 사용하는 물질로, 흑연·경수輕水·중수重水 등이 있다. 완속물질이라고도 한다.

있다. 물은 수소와 산소가 결합해 만들어지는 물질로 수소에는 수소, 중수소, 삼중수소 등 원자핵 속 중성자수가 다른 동위원소가 몇 가지 있는데, 산소와 결합하는 수소 원자의 종류가 달라지면 다른 종류의 물이 된다. 산소(O)와 수소(H)가 결합하면 우리가 일반적으로 사용하는 가벼운 물(경수)이 되고, 산소(O)와 중수소(D)가 결합해서 만들어진 물은 무거운 물(중수)이 된다. 무거운 물은 일반적으로 가벼운 물보다 다른 물질과 적게 반응하는 특징이 있기 때문에 가벼운 물을 냉각재와 감속재로 쓰는 원자로는 경수로, 무거운 물을 냉각재와 감속재로 쓰는 원자로는 중수로라고 한다.

원자력발전소가
있어야 할 곳은?

전체 원자력발전소의 75%를 차지하는 경수로의 경우 많은 양의 바닷물을 냉각수로 사용해야 하는 특성상 대부분 해안가에 위치해 있다. 우리나라의 경우 동해안에는 울진·영덕·경주·부산, 서해안에는 영광에 입지해 있다. 하지만 그전에 특히 중요하게 고려해야 할 것은 자연재해의 위험성이다. 2011년 3월 11일 일본에서 발생한 도호쿠 대지진과 쓰나미로 인해 이튿날 후쿠시마 원자력발전소의 전력이 끊어지고 장비들이 망가져 방사능이 유출되는 사고가 있었다. 일본 정부의 예측과 달리 사고는 걷잡을 수 없이 커졌고, 수습 과정에서도 많은 문제점이 드러났다. 결국 국제원자력기구IAEA가 사고등급을 최악의 단계인 7등급으로 격상시키는 등 체르노빌 사고 이후 가장 큰 참사를 맞게 되었으며 전 세계인에게도 원자력발전의 위험성을 다시 한 번 각성시키는 계기가 되었다. 이웃 나라인 우리나라의 경우도 2016년 경주에서 규모 5.8의 지진이 발생하고 계속되는 여진으로 사람들의 관심이 경주와 그 주변에 위치해 있는 원자력발전소에 집중된 적이 있다. 그러면서 자연스럽게 원자력발전소의 입지와 안전성에 주목하게 되었다.

원자력발전소는 원료와 폐기물의 특성상 안전을 가장 우선시해야 하므로, 지진 등의 위험이 없는 안정된 지반에 지어야 한다. 물론, 지진에 대비한 내진설계를 하지만 만약을 대비해 지진 위험이 없는 곳을 입지로 선정해야 하며, 따라서 입지를 선정하기 전에 지진이 일어날 가능성이 있는 활성단층을 분석하고 신중하게 추가 연구를 계속해야 한다. 우리나라 역시 경주 지진 이후 활성단층을 분석했고, 그 결과 경주 주변의 원자력발전소들이 활성단층 중 하나인 양산단층에 가까이 있다는 의견이 나오면서 논란이 되기도 했다.

남겨진 것들은 어디로?

원자력발전 과정에서 발생하는 불필요한 방사성 물질을 방사성 폐기물radioactive waste이라고 한다. 생명체가 방사능에 노출될 경우 치명적인 피해를 볼 수 있으므로 매우 조심스럽게 다루어지는데, 이는 전 세계가 원자력발전소를 줄이고 신재생에너지를 개발하는 이유이기도 하다. 방사성 폐기물에는 원자력발전소뿐만 아니라 방사성 물질을 다루는 작업장이나 실험실에서 나오는 폐기물, 핵분열 생성물, 냉각수, 냉각가스 등의 누출물 외에도 실험이나 작업에 사용된 공구, 헝겊, 종이, 세척수 등도 포함된다.

폐기물은 상태에 따라 기체·액체·고체가 있으며, 방사능 농도 및 강도에 따라 크게 고준위·중준위·저준위 폐기물로 구분한다. 고준위 폐기물은 핵반응에서 발생하는 물질로 사용후핵연료 자체 및 재처리 공장에서 나오는 액체 폐기물, 찌꺼기 등인데, 방사능 강도가 매우 높다. 세슘, 아이오딘, 스트론튬, 테크네튬 등의 방사성 동위원소가 여기에 속하며, 방사선의 세기가 강하고 반감기*가 수만 년에 이를 정도로 길다. 그래서 아

---

* 방사성 원소나 소립자素粒子가 붕괴하거나 다른 원소로 변할 경우, 그 원자 수가 최초의 반으로 감소될 때까지 걸리는 시간이다.

직까지도 안전한 폐기 방안이 없으며, 심해에 투기하거나 지하에 매립하고 있다. 핵분열 후 재활용이 가능한 우라늄과 플루토늄은 물속에 넣어 보관한다.

중저준위 폐기물은 원자력발전소에서 나오는 원자로 냉각수, 재처리 과정에서 남은 폐액 등과 더불어 주로 병원이나 산업체에서 발생하는 이온교환수지, 방사선 구역의 작업복·장갑·덧신·청소용품 등의 고체 폐기물, 작업 후 샤워나 세탁 시에 나온 물, 핵연료 폐기물을 재처리하는 과정에서 나오는 방사능을 띤 액체 등을 말한다. 고체 폐기물 중 일부는 소각한 후 불연물질과 재를 함께 방사성 물질이 누설되지 않도록 드럼통에 넣고, 이것을 콘크리트로 굳힌 후 깊은 바다 또는 땅속에 묻어야 하며, 액체 폐기물은 이온교환법으로 농축해서 드럼통에 넣거나 화학 처리 후 대량의 물로 희석해서 방류한다. 기체 폐기물은 필터로 여과하여 공중의 방사성 물질의 농도가 최대 허용농도의 1/10 이하가 되도록 하여 방출하고 있다.

방사성 폐기물 처리장은 방사성 폐기물을 처분하는 매우 중요한 역할을 한다. 폐기물 처분 시 땅속이나 바다에 묻어야 하므로 처분장은 지진과 지반 침하 등의 위험이 없고, 지하수가 흐르지 않는 단단한 암반이나 지질학적으로 안정된 지역에 건설해야 한다. 또한 인구밀집 지역이나 자원개발이 가능한 지역은 피하고 폐기물에서 나오는 열을 잘 전도할 수 있는 물질이 많은 곳이어야 한다. 폐기물을 최대한 안전하게 격리하여 생태계에 영향을 미치지 않도록 하는 것이 처리장의 중요한 역할이다.

폐기물 처리 장소를 정하는 문제 역시 세계 곳곳에서 논란이 많다. 구소련의 경우 우리나라 동해에 핵폐기물을 투기한 사실이 드러나 국제적인 문제가 되었으며, 1997년 대만이 배럴당 1261달러에 총 6만 배럴의 핵폐기물을 북한에 수출하려다 국내 환경단체의 거센 반발로 인해 수출을 포기한 일도 있었다.

이는 우리나라 내에서도 마찬가지다. 우리나라에서 현재 가동 중인 원자력발전소는 보통 1년에 한 번씩 연료를 교체하고 있으며, 여기에서 나온 폐기물은 재처리 과정을 거친다고 해도 처분의 문제가 남아 있다. 1990년 안면도, 1994년 울진과 양산, 2003년 부안 등 방사성 폐기물 영구처분장 건설지를 선정하는 과정에서 주민들의 거센 반발에 부딪혀 계획이 무산되었으며, 2007년 7월에는 경상북도 경주에 중저준위 방사성 폐기물 처분을 위한 국내 첫 방사성 폐기물장이 착공되어, 현재 운영 중이다. 우리나라는 1970년대 원자력발전소가 운영되기 시작한 이후 발생한 폐연료봉을 현재 원자력발전소 내부에 보관 중인데, 월성 원자력발전소(2019년)를 시작으로 한빛(전남 영광, 2024년), 고리(부산 기장, 2024년) 발전소 등이 차례대로 포화 상태에 들어갈 것으로 보인다. 정부는 고준위 방사성 폐기물을 처분하기 위해 2029년 부지를 선정하고, 2053년부터 영구처분 시설 운영에 들어가는 것을 계획 중이다.

지속 가능한 대안을 찾기 위하여

원자력발전은 비록 원자폭탄의 발명이라는 비극과 함께 시작됐지만 비교적 효율적인 에너지 발전방식이라는 이유로 지금까지 널리 활용되어왔다. 하지만 앞에서 이야기한 것처럼 원자력발전소가 위치해 있는 곳은 어디든 안전하지 않으며, 발전 후에 남은 폐기물을 처리하는 장소와 방법에도 논란이 많다. 만일 사고로 인해 발전소의 일부라도 손상을 입거나 폐기물이 누출되는 일이 발생한다면 그로 인한 피해는 인간이든 자연이든 피할 수 없으며, 그 순간뿐 아니라 오랜 시간이 지난 후 우리 후손에게도 돌이킬 수 없는 고통이 될 것이다. 원자력발전의 위험성이 널리 알려지고 탈원전에 대한 논의가 한창인 이때, 원자력과 원자력발전에 대한 이해를 사회가 공유한다면, 실질적이고도 지속 가능한 대안을 마련하는 데 큰 도움이 될 것이다.

원자력은
경제적인
에너지인가?

전기를 만드는 방법과
경제성

우리가 일상생활에서 쓰는 전기는 어떻게 만들어질까? 전기를 만들어내려면 터빈turbine(유체의 흐름으로부터 에너지를 뽑아내는 회전기관)과 전자석電磁石(전류가 흐르는 동안 자기장이 형성되는 자석)의 회전이 필요하다. 터빈은 바람개비처럼 회전날개와 회전축으로 구성된다. 다양한 에너지를 이용하여 터빈을 회전시킬 수 있는데 터빈이 회전하면서 발전기 안의 전자석으로 된 원통이 함께 돌아가게 된다. 이렇게 하면 발전기 안에서는 음극과 양극이 계속 바뀌면서 전류가 흐르게 된다. 이를 통해 전기가 만들어지는 것이다.

이처럼 기구나 시설을 이용하여 인위적으로 전기를 만들어

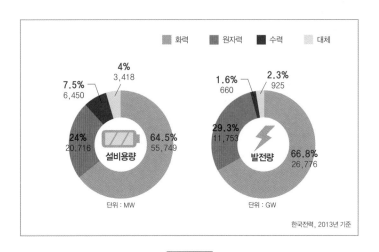

| 화력 | 원자력 | 수력 | 대체 |

설비용량 (단위 : MW)

4%
3,418

7.5%
6,450

24%
20,716

64.5%
55,749

발전량 (단위 : GW)

1.6%
660

2.3%
925

29.3%
11,753

66.8%
26,776

한국전력, 2013년 기준

주요 에너지원별 설비용량 및 발전량

내는 과정을 발전發電·electricity generation이라고 하며, 전기가 만들어지는 큰 시설물을 발전소라고 한다. 발전은 이용하는 에너지원과 방법에 따라 화력발전, 수력발전, 풍력발전, 태양광발전, 원자력발전 등으로 나뉜다.

먼저 화력발전은 석탄, 석유, 가스 등의 연료를 활용하여 전기를 얻는 방식이다. 보일러에서 물을 끓여 만들어진 증기의 힘으로 터빈을 돌려서 전기를 생산하는 것이다. 화력발전은 작동방식과 사용연료에 따라 구분할 수 있다. 작동방식에 따라 기력발전*, 내연력발전**, 가스터빈발전***으로 나뉜다. 사용연료에 따라서는 석탄 화력발전, 중유重油****화력발전, LNG화력발전, LPG화력발전 등으로 구분하기도 한다.

　가장 많은 발전량을 차지하고 있는 화력발전은 전력효율 문제와 환경오염 문제 때문에 경제성이 아주 뛰어나다고 할 수는 없다. 일반적인 화력발전소에서의 전력효율은 약 33%에서 48% 정도다. 나머지 에너지는 열로 빠져버리기 때문이다. 지역난방에 쓰는 열병합발전소를 함께 운영해도 손실되는 전력이 다수 발생한다.

　화력발전의 연료인 석탄, 석유, 가스는 연소하면서 이산화탄소(CO_2)를 발생시킨다. 화력발전은 CO_2를 다량으로 발생시키며 지구온난화 현상을 가속화하고 있다. 지구온난화 현상으로 인한 환경파괴 문제는 경제성에서 고려해야 할 중요한 사항이다. 또한 화력발전은 중금속 등 오염물질 및 초미세먼지를 발생시킨다. 이 때문에 대기오염으로 인한 사회적 손실비용도 고려해야 한다.

---

* 　연료를 연소하여 발생한 열로 고온·고압의 수증기를 만들어 증기 터빈을 돌려 발전하는 방식.
** 　디젤 엔진과 같은 내연기관을 이용하여 발전기를 구동하는 방식.
*** 　고압의 공기 및 연료를 연소하여 발생하는 가스로 터빈을 돌려 발전하는 방식.
**** 　원유에서 휘발유·등유·경유 등을 뽑아낸 후 얻어지는 흑갈색의 점성유. 보통 원유 부피의 30~50% 정도에서 얻을 수 있다.

다음으로 수력발전*은 물의 힘을 이용해 전력을 생산하는 방식이다. 댐을 만든 뒤 수로를 통해 물이 높은 곳에서 낮은 곳으로 떨어지며 수차를 돌리게 해서 전기를 생산한다. 수력발전은 댐이 건설되면 직접적인 폐기물을 방출하지 않으며, 이산화탄소 배출량도 적다는 점에서 긍정적이다. 하지만 댐을 만들기 위해서 고려해야 할 점이 많다. 먼저 댐을 만들 수 있는 지형조건이 충족되어야 한다. 그리고 댐을 건설하는 과정에서 자연환경이 파괴될 가능성이 있다. 댐이 건설된 이후, 주변 지역에서 하천의 흐름이 변하여 생태계에 영향을 주거나 댐에 의해 물이 갇혀 수질이 악화되는 등의 부정적 변화를 가져오기도 한다. 또한 댐을 건설하면서 이주민이 생길 수 있으며 막대한 건설비용도 발생한다. 환경 영향과 경제적 비용을 고려한다면 수력발전도 값싼 전기라고 볼 수는 없다.

마지막으로 신재생에너지를 통한 발전이 있다. 신재생에너지는 신에너지와 재생에너지를 합쳐 부르는 말이다. 기존 화석연료를 변환하여 이용하거나 햇빛, 물, 강수, 생물유기체 등을 재생 가능한 에너지로 변환한 것을 말한다. 재생에너지에는 태양광, 태양열, 바이오, 풍력, 해양에너지 등이 있고, 신에너지

---

* 수력발전을 신재생에너지에 분류하기도 하나, 댐의 건설비용, 환경 영향, 그리고 관리 때문에 재생 가능한 에너지로 여기지 않기도 한다.

충주댐 수력발전소

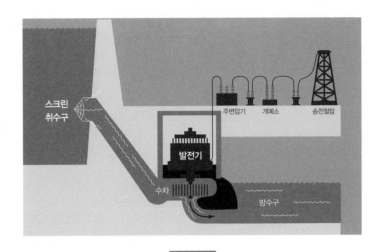

수력발전소 발전방식

에는 연료전지, 수소에너지 등이 있다. 신재생에너지는 기존의
화석연료에 비해 이산화탄소 배출량이 적어서 지구적 과제인
기후변화에 대응할 수 있다는 점에서 주목받고 있다.

하지만 아직은 경제적·기술적 측면에서 한계를 보이고 있
으며, 전력수급 안정성 및 주민 수용성 측면에서도 극복해야
할 과제가 많다. 초기에 큰 투자비용이 발생하며 현재의 기술
력으로 다른 발전에 비해 경제성이 높지 않다. 또한 밤과 낮,
계절, 기후 등 자연조건의 영향을 크게 받기 때문에 안정적인
전력공급 차원에서 한계를 지니고 있다. 대용량의 전력을 생산
하려면 큰 부지가 필요한데 좁은 국토가 큰 제약요인이 되고

있기도 하다.

우리나라는 2012년 1월 1일부터 '신재생에너지 의무할당제도'를 시행하고 있다. 이 제도는 500MW급 이상 화력발전소를 운영하는 민간 발전사업자가 발전량의 2%를 태양광, 풍력 등 신재생에너지로 발전해 공급해야 하는 제도로, 기후변화협약(정식 명칭은 '기후변화에 관한 유엔 기본협약')에 대비하고 미래 에너지를 확산하겠다는 목표에서 출발했다. 아직은 전체 발전량에서 약 4.0%(2014년 기준) 정도만 담당하고 있으나 지속적 확산을 목표로 하고 있다. 현시점에서 신재생에너지는 여러 한계점이 있지만 미래 에너지로서 지속적인 연구개발과 투자 육성이 필요한 분야다.

원자력발전비용 계산의 함정: 원자력은 결코 값싼 에너지가 아니다

원자력발전이 경제적이라고 주장하는 측에서는 '대한민국의 에너지 안보와 에너지 자립을 고려해야 하며, 다른 발전에 비해 발전단가 등이 낮고, 원전 수출 등 긍정적 외부효과가 많이 발생한다는 점에서 원자력발전은 경제적'이라고 주장한다. 그

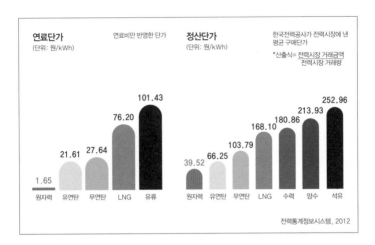

전력통계정보시스템, 2012

주요 에너지원 단가 비교

러면서 발전원별 단가, 연료단가, 정산단가 등의 지표를 제시한다. 발전원별 단가는 총발전비용을 총발전량으로 나눠서 알아볼 수 있다. 발전비용은 크게 건설비, 운전유지비, 연료비로 구성된다. 세부적으로 보면 건설비는 건설비용과 이자로 구성된다. 운전유지비는 발전소를 운영하기 위한 비용이다. 여기에는 인건비, 수선유지비, 경비, 일반관리비 이외에 사후처리비(해체 및 폐기물 처리 등)도 포함된다. 연료비는 발전에 필요한 연료의 비용이다.

일반적으로 원자력발전은 화석연료를 기반으로 하는 발전에 비해 건설비는 높게 나오지만 운전유지비는 낮다. 그리고

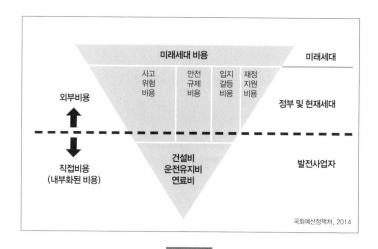

미래세대 비용

| 사고
위험
비용 | 안전
규제
비용 | 입지
갈등
비용 | 재정
지원
비용 |

미래세대

외부비용

정부 및 현재세대

직접비용
(내부화된 비용)

건설비
운전유지비
연료비

발전사업자

국회예산정책처, 2014

원자력발전의 사회적 비용

연료비가 낮게 책정된다. 이는 연료인 우라늄이 석유나 천연가스에 비해 저렴하기 때문이다. 그래서 원전이 경제적이라는 입장에서는 원자력발전이 다른 발전에 비해 발전단가가 낮게 산출되므로 경제성이 뛰어나다고 주장한다.

또한 원자력발전이 경제적이라고 주장하는 측에서 제시하고 있는 지표와 발전단가 계산에서 지적하고 넘어가야 할 부분이 있다. 계산방식을 정확히 하면 원자력발전의 발전단가는 다른 발전의 발전단가와 비교하여 낮지 않으며, 폐로비용 및 사용후핵연료 처리비용 등 사회적 비용을 정확히 고려해야 한다. 그래야 원자력발전 계산의 함정을 제대로 들여다볼 수 있다.

한국수력원자력(한수원)의 발전단가 계산은 원전 이용률과 원전의 내용연수(예상 수명), 국제지표 비교 등에서 볼 때 문제가 있다. 위 요인을 반영한다면 원자력의 발전단가는 결코 낮지 않다. 한수원이 화력발전에 비해 원자력발전의 경제성이 높다고 발표한 근거는 균등화 발전단가*다. 이것은 이용률이 높아질수록 동일한 설비투자비로 더 많은 전력을 생산할 수 있어 발전비용이 낮아진다.

한수원은 발전단가를 계산하면서 원전의 이용률을 90%로 가정하고 있다. 대한민국의 원전 이용률은 2006년 이후 매년 90% 정도였으나 2011년 91% 이후 2013년에는 83%로 떨어졌다. 실제 노후 원전은 잦은 고장으로 인해 가동이 중단되는 일이 증가하고 있다. 또한 원전의 내용연수를 40년으로 가정하는 것도 문제다. 설계수명연한을 40년으로 책정하여 발전단가에 반영한 것은 지나치게 길게 반영한 것이라는 지적이 있다.

국제지표에서 보면 우리나라 신형 원전의 건설비(231만 원/kW)는 미국(640만 원/kW)과 프랑스(560만 원/kW)의 절반 수준이다. 그런데 이 기준에 대한 합리적 근거와 설명이 없다는 점에서 원가가 지나치게 낮게 책정되었을 가능성이 있다. 무엇보다

---

* 발전소의 건설 및 운영에 소요되는 총비용과 수명 기간 동안 발전으로 인한 총편익을 고려한 발전단가.

우리나라 원자력발전은 화력발전의 발전비용과 비교할 때 직접비용만을 고려해 원자력발전의 경제성을 강조하고 있다. 이는 외부비용이 제외 또는 축소되어 있기 때문이다. 중대사고 발생에 대한 우려, 사용후핵연료 처분장 입지 선정, 고압 송전선로 이용, 규제수준, 미래세대의 국토 이용 제한 같은 사회적 갈등을 유발할 수 있는 비용의 상당 부분이 발전비용에 포함되어 있지 않다. 이러한 비용을 반영한다면 원자력발전의 단가가 증가할 것이다. 종합적인 면들을 살펴보고 계산해보면 원자력이 결코 값싼 에너지가 아님을 알 수 있다.

원자력발전비용 계산의 불편한 진실: 사회적 비용

원자력발전의 사회적 비용은 사고위험비용, 안전규제비용, 입지갈등비용, 정책비용, 미래세대비용 등이 있다. 한국수력원자력은 사회적 비용의 상당 부분을 이미 부담하고 있다고 주장한다. 특히 현재 기술력으로 원자력발전의 안전성이 높으므로 사고위험비용은 크지 않다고 주장한다. 과연 한수원이 제시하는 사회적 비용은 정확한 것일까? 사회적 비용을 찬찬히 살펴보면 원자력 계산의 불편한 진실을 만날 수 있다.

원자력발전의 사회적 비용

국회예산정책처(허가형 연구원), 2014

	세부항목	내역
직접비용	발전원가	- 43.02~48.8원/kWh
사회적 비용	사고위험비용	- 총사고비 58조~343조 원(0.08~59.8원/kWh)
	안전규제비용	- 안전규제 강화에 따른 건설비 및 운전유지비 증가(신규 원자력발전소 안전설계 수준에 따라 달라짐) - 후쿠시마 사고대응비용 9,194억 원 (2014~2015년)
	입지갈등비용	- 중준위 방폐장 입지갈등비용(~2013) 9,395억 원 - 고준위 방사성 폐기물 처분장 입지갈등비용 - 고압 송전선로 경과지의 입지선정 시 갈등 - 신규 원전 1기당 송전선로 건설 관련 비용 4,037억 원(신규 원전부지에 230km 구간 765kV 설치 가정)
	정책비용	- 2013년 재정사업비 5,169억 원(3.9원/kWh)
	미래세대비용	- 고준위 방사성 폐기물 처분장의 국토손실비용

사회적 비용에서 가장 큰 비중을 차지하는 것은 사고위험비용이다. 원전 사고가 일어난다면 그 비용은 상당할 것으로 예상된다. 2011년 후쿠시마 원전 사고 이후 원전의 위험비용에 대한 논의가 활발해지고 있다. 국회예산정책처의 2014년 자료에서는 전체 원전의 사고위험비용을 58조~343조 원으로 추산한다. 이것도 추정치이며 대형 원전 사고가 발생한다면 인구밀도가 높은 우리나라 특성상 그 비용이 더 커질 수 있다. 이 비용을 발전원가에 반영한다면 kWh당 12.3~59.8원이 증가하게

되어 원자력발전의 경제성이 크게 낮아진다.

입지갈등비용은 원전부지, 방사성 폐기물 처분장 선정 등과 같이 원자력발전 관련 시설의 입지 선정 과정에서 발생한다. 한반도 내 잦아진 지진 발생 등의 영향으로 향후 이 비용이 증가할 것으로 예상된다.

다음으로 정책비용은 원자력 연구개발비, 원전 주변 지역 지원사업비, 홍보비 등 정부의 지출비용이다. 안전규제비용은 신규 원전의 설계기준 강화 및 안전 강화에 따른 비용이다. 후쿠시마 원전 사고 이후 향후 그 비용이 증가할 것으로 보인다.

마지막으로 미래세대비용은 현세대가 사용하는 원자력발전 비용 중 미래세대가 부담하게 될 비용이다. 원전 해체, 방사성 폐기물 처분, 사용후핵연료 처분비용 등이 여기에 해당된다. 한수원은 이 비용도 상당 부분 현재의 생산자가 담당하고 있어 향후 발생 비용이 크지 않을 것이라고 주장한다. 정말 미래세대비용을 지금 여기에서 현재 우리가 대부분을 부담하고 있을까? 미래세대는 지금 우리가 쓰고 있는 원자력발전으로 대가를 치르지 않을까?

폐로비용(원전해체비용) 및 사용후핵연료 처분비용을 분석해 보면 그 비용 역시 상당히 크다. 1977년 6월 19일 가동을 시작한 고리 1호기는 2017년 6월 폐로를 시작했다. 여기서 주목해야 할 점은 우리나라는 원전을 해체해본 경험이 없다는 것이

사용후핵연료 저장 수조

다. 원전은 가동 중에도 사고 발생 위험이 있지만, 해체 과정에서도 방사능 오염 문제가 발생할 수 있다.

20년~60년이 걸리는 해체 과정에서 안전성 문제와 폐로비용 문제가 상당 부분 발생한다. 100만kWh급 원전 1기 건설비용이 4조~6조 원 정도라고 할 때, 폐로비용은 1조 원 이상으로 추산된다. 기술력 문제 및 안전 관련 문제를 고려하여 해체 기간이 길어질 경우 그 비용이 더 증가할 수 있다. 독일 및 영국의 사례를 보면, 당초 예상했던 해체 기간보다 더 많은 시간이 걸렸으며, 그에 따라 비용도 증가했음을 알 수 있다.

사용후핵연료 처분비용 역시 더욱 증가할 것으로 예상된다. 원자력발전을 통해 만들어진 방사성 물질은 오랫동안 관리해야 한다. 방사성 물질은 방사능 종류에 따라 방사능이 약해지는 기간이 다르다. 짧은 기간에 방사능이 없어지는 것도 있지만 플루트륨239처럼 반감기가 2만4000년에 이르는 경우도 있다. 이 기간 동안 계속 방사능을 배출하므로 지속적으로 안전하게 관리해야 하는데, 이것이 사용후핵연료 처분비용이다.

우리나라는 2015년에야 중저준위 방사성 폐기물 처분시설을 경주에 설치했다. 앞으로 고준위 사용후핵연료 처리장이 필요한데, 이에 대한 사회적 비용도 클 것으로 예상된다. 그리고 사용후핵연료 처리는 장기적으로 미래세대에 이어지는 비용이라는 점에서 문제를 지니고 있다. 오랜 시간 영구적으로 안전하게 관리해야 하는 문제를 미래세대에게 넘기고 있는 점은 경제적 비용을 발생시킬 뿐 아니라, 생명과 안전의 가치를 훼손하고 있다고 할 수 있다.

원자력은 과연 친환경에너지일까?

최근 들어 봄과 가을이 점점 짧아지고 무더운 여름이 길어지고 있다. 지구 전체적으로도 평균기온이 오르고 있다. 그 이유는 바로 지구촌 전체가 뜨거워지는 지구온난화 현상에 있다. 지구온난화 현상으로 인해 온실가스* 배출 감축이 세계적 과제로 떠올랐다. 우리나라도 단계적으로 온실가스를 감축하기 위해 목표를 세우고 실천하는 중이다. 2015년 6월, 정부는 온실가스 감축 및 기후변화 대응을 위한 공동 노력에 동참하기 위해 2030년까지 배출전망치 대비 37%를 감축하겠다는 목표를 발표했다.

온실가스를 줄이기 위해서는 다양한 분야에서 노력이 필요하겠지만 가장 중요한 부문은 에너지 분야다. 2012년 기준 온실가스 배출량의 87.2%는 에너지 부문에서 발생하고 있다. 그리고 에너지 부문에서 배출하는 배출량의 약 42%는 발전 부문에서 발생하고 있다. 온실가스 총배출량에서 91%가 이산화탄소라는 점에서 볼 때, 이는 화석연료를 통한 발전에서 상당한 온실가스가 배출되고 있음을 알 수 있다. 온실가스 감축을 위해서는 화석연료에 의존하는 발전에서 탈피하여 저탄소발전, 친환경발전으로 변화해야 함을 의미한다.

원자력발전을 옹호하는 측에서는 원자력발전이 친환경에너

---

*　이산화탄소(CO_2), 메탄(CH_4), 아산화질소(N_2O), 수소불화탄소($HFCs$), 과불화탄소($PFCs$), 육불화황(SF_6) 등.

지 중 하나라고 주장한다. 즉, 원자력발전은 다른 발전에 비해 이산화탄소 배출량이 적으므로 온실가스를 감축하는 역할을 할 수 있다는 것이다. 과연 원자력발전은 온실가스를 적게 발생시킬까? 원자력발전은 친환경에너지라고 할 수 있을까?

한수원이 제시하는 원자력발전의 이산화탄소 배출량 수치만을 봤을 때는 온실가스 배출량이 적은 것같이 보인다. 하지만 원자력발전의 부분이 아닌 전체 과정을 고려한다면 이산화탄소가 결코 적게 발생하지 않는다는 것을 알 수 있다.

원자로를 가동하기 위해 우라늄 광산에서 우라늄을 채굴, 제련하고 농축하여 원자로 안에서 태울 수 있도록 가공해야 하는데, 이 모든 단계에서 방대한 에너지가 소모되고 이를 통해 많은 이산화탄소가 배출된다. 또한 원자력발전 관련 시설을 짓고 운영하는 데도 많은 이산화탄소가 배출된다.

다음으로 원자력발전에서 배출되는 방대한 온수는 주변 지역 바닷물의 수위를 상승시킨다. 지구상의 이산화탄소 대부분이 바닷물에 녹아 있는데 원자력발전으로 인해 바닷물의 이산화탄소가 대기 중으로 나오게 되는 것이다. 이러한 점에서 일본 교토대 고이데 히로아키 교수는 원자력발전소를 '바다 데우기 장치'라고 불러야 한다고 비판했다. 이처럼 원자력발전은 '친환경에너지' '녹색에너지'로 부르기 어렵다. 온실가스를 줄이기 위해서는 친환경적인 신재생에너지 분야에 대한 투자와 대비가 더 필요하다.

　2017년에 신고리 5·6호기 공론화위원회가 구성되어 활동했다. 위원회를 통해 원자력발전소 건설, 향후 에너지정책 등에 관한 심도 깊은 사회적 토론이 이루어졌다. 위원회는 이미 건설 중이던 신고리 5·6호기 건설을 재개하고, 원자력발전을 축소하는 방향의 국가 에너지정책을 권고했다. 이를 계기로 우리 사회는 원자력발전에 대해 관심을 갖게 되었고, 원자력발전에 대해 놓치고 있던 부분들을 면밀히 생각하게 되었다. 앞으로도 현재세대의 삶과 미래세대의 삶을 종합적으로 고려한 에너지정책에 대해 우리의 지속적인 관심과 사회적 합의가 필요하다.

원자력발전 관련
재난영화

영화 〈클라우드〉는 1986년에 일어난 '20세기 최악의 사고' 체르노빌 원전 참사를 모티브로 한 작품이다. 영화 속에는 체르노빌 사고를 떠오르게 하는 독일 프랑크푸르트 근교 원자력발전소의 방사능 유출 사고로 인해 패닉 상태에 빠진 사람들의 모습이 실감 나게 그려져 있다. 특히 원전 사고로 인해 발생하게 될 인명피해와 환경오염에 대해 사실적으로 묘사함으로써 무분별하게 개발을 추진하는 이들에게 경고의 메시지를 전한다. 영화 〈클라우드〉는 독일 문학계의 거장 구드룬 파우제방의 밀리언셀러 소설 《구름》을 원작으로 하고 있다.

한국 영화인 〈판도라〉는 역대 최대 규모의 강진에 이어 한반도를 위협하는 원전 사고까지, 예고 없이 찾아온 대한민국 초유의 재난 속에서 최악의 사태를 막기 위한 평범한 사람들의 사투를 그린 작품이다. '판도라'라는 제목은 그리스 신화 속에서 열지 말아야 할 상자를 열어 인류에게 재앙을 안겨준 인류 최초의 여성 '판도라'의 이야기를 기반으로 하고

있다. 영화는 신화 속 이야기처럼 사상 초유의 재난을 초래할 수 있는 원전이라는 소재에 새로운 상상력을 불어넣었다. 또한 최악의 사태를 막기 위해 고군분투하는 평범한 사람들의 이야기를 통해 신화 속 '판도라'의 결말과 중첩되는 희망적인 메시지를 담아낸다. 특히 2016년 9월, 경주 지역에서 여러 차례 발생한 지진으로 인해 잠들어 있던 안전문제와 함께 지진 발생 지역 인근에 밀집한 원전 관리에 대한 국가적인 논의가 활발해진 가운데, 〈판도라〉는 우리 사회에 원전에 대한 관심을 불러일으킬 작품으로 주목받은 바 있다.

원전은
세계에 얼마나
많은가?

원자력발전소는 꼭 필요한가?

2018년 2월 현재 IAEA 자료에 따르면 원자력 발전소를 1기라도 가지고 있는 나라는 미국을 포함하여 31개국이며, 새롭게 원전 보유국에 동참하기 위해 건설 및 계획 중인 나라는 6개국에 이른다. 이들 나라들이 모두 원전을 보유하게 되면 지구상의 원전 보유국은 37개국이 된다.

세계 많은 나라들이 원자력발전에 관심을 기울이는 이유는 다분히 경제성이라는 것에 방점이 찍혀 있다. 전기를 생산하는 방법에는 여러 가지가 있지만, 대량의 전기를 생산하는 시설은 제한되어 있다. 대표적인 것이 화력발전, 수력발전, 풍력발전, 태양열 및 태양광발전, 원자력발전이다. 이 중 원자력발전

세계의 원자력발전소. 벨기에(위), 프랑스의 원자력발전소다.

은 현재의 기술 중 표면적으로는 경제성이 가장 높다고 알려져
있다. 그 때문에 파리기후협약 이후 세계적 흐름인 온실가스

감축과 자국의 에너지 안보 및 산업경쟁력 차원에서 볼 때, 마치 원자력발전은 필수선택요소인 것처럼 보인다. 그런데 과연 원자력발전이 경제성 측면에서 다른 발전시설보다 절대우위에 있을까? 그리고 절대우위에 있다고 알려졌음에도 원전 반대 여론이 팽배한 이유는 무엇일까?

원자력발전소를 건설한다는 것은 다음 세대에게 원전 폐기물을 남겨, 길게는 수만 년을 관리해야 하는 '판도라의 상자'를 남기는 것이며, 이 과정에서 발생하는 비용은 측정할 수도 없다. 사회적 갈등비용 역시 무시할 수 없다. 원전에 찬성하는 이들은 한결같은 목소리로 원전은 절대 안전하다고 주장한다. 그러나 원전 사고는 지금까지 대형 사고만 세계적으로 세 번 발생했고, 그로 인한 막대한 비용이 지금도 계속 들어가고 있다. 엄청나게 많은 사람들이 사고의 직간접적 영향으로 죽거나 병들었고, 도시 하나가 통째로 유령도시로 전락하기도 했다. 또한 전 세계가 방사능 공포에 떨어야 하는 사회적 비용을 어떻게 추산할 것인가?

이미 독일과 스위스 등 몇몇 나라는 원자력발전의 위험성 때문에 풍력발전이나 태양열 및 태양광발전 등 신재생에너지 발전에 대한 투자를 확대하고 있지만, 아직도 많은 나라들이 원자력발전의 유혹을 떨쳐버리지 못하고 있다.

원자력발전소 건설은
멈추지 않는다

세계적으로 원자력발전소 건설 움직임이 여전한 가운데, 특히 산유국들의 원자력발전소 건설은 경쟁적이라는 말이 걸맞을 정도로 많이 이루어지고 있다. 2015년 세계 산유국 순위는 1위 사우디아라비아, 2위 러시아, 3위 미국이고, 아랍에미리트UAE 는 8위에 올라 있다. 미국과 러시아는 과거 한 차례씩 원전 사고를 경험한 국가다. 그럼에도 원자력발전소를 지속적으로 건설하고 있다. 여기에 사우디아라비아와 UAE도 원전 건설에 박차를 가하고 있다.

사우디아라비아나 UAE가 원전 건설에 박차를 가하는 이유는 화석연료 고갈과 유전 자원 보호에 있다. 이들은 오일머니를 바탕으로 원자력발전소를 건설함으로써 미래에 일어날 자원고갈 사태를 대비하는 것이다. 특히 사우디아라비아의 경우 자국 내 하절기 전력 생산을 위해 사용하는 원유 사용량이 90만 배럴에 이르고 있고, 이를 금액으로 환산하면 160억 달러에 달한다. 사우디는 저유가로 인한 국가의 재정압박을 돌파하고 원유 수출을 늘리기 위해, 화력발전소를 줄이고 원자력발전소와 태양광발전소 건설을 서두르고 있다. 사우디는 세계 13위의 넓은 국토 면적이 대부분 사막으로 되어 있어 태양광발전과 풍

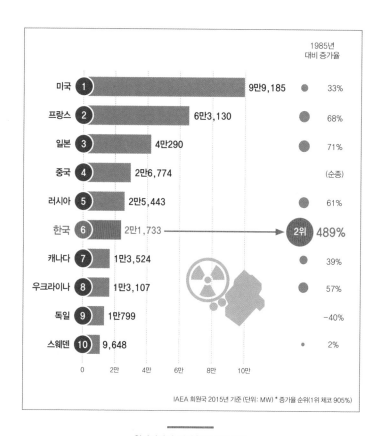

		1985년 대비 증가율
미국 ①	9만9,185	33%
프랑스 ②	6만3,130	68%
일본 ③	4만290	71%
중국 ④	2만6,774	(순증)
러시아 ⑤	2만5,443	61%
한국 ⑥	2만1,733	2위 489%
캐나다 ⑦	1만3,524	39%
우크라이나 ⑧	1만3,107	57%
독일 ⑨	1만799	-40%
스웨덴 ⑩	9,648	2%

0 2만 4만 6만 8만 10만

IAEA 회원국 2015년 기준 (단위: MW) * 증가율 순위(1위 체코 905%)

원자력발전 설비용량 10순위국

력발전에 최적의 조건을 갖추고 있다. 2030년까지 원자력, 태양광, 풍력발전을 통한 전기 생산을 30%로 높이기 위해 그린 에너지 발전소 건설에도 박차를 가하고 있다. 다만 UAE는 국토 면적이 좁고(83,600㎢. 세계 116위) 사우디와 달리 원유 매장량이 적어 원자력발전소에 더 많은 공을 들이고 있다.

중국의 경우 원전 건설에 가장 앞장서고 있는 나라다. 중국은 1980년부터 급속한 산업화가 시작되면서 전력 수요가 폭증하여 원전 건설에 더욱 앞장서고 있다. 2016년 IAEA에 따르면 세계 원전 가동현황은 미국이 99기로 가장 많고, 이어서 프랑스 58기, 일본 43기, 러시아 36기, 중국 39기, 우리나라 24기, 인도 22기, 캐나다 19기, 영국 15기순이다. 전 세계에서 31개국이 원전을 통해 전력을 생산하고 있으며, 운영 중인 원전은 449기에 이르고, 건설 중인 원전은 56기이며, 건설을 계획 중인 것만도 173기에 이른다. 현재 건설 중인 원전 56기 가운데 중국이 차지하는 것이 18기로 가장 많고, 이어서 러시아 6기, 인도 6기에 이른다. 중국이 현재 건설중인 원전을 포함하여 앞으로 계획하고 있는 원전(25기)이 건설 완료되면 총 원전 수는 82기로 미국에 이어 세계 2위의 원전 보유국이 된다.

그러나 중국이 그동안 금지해두었던 법을 풀어 내륙에서도 원전 건설을 본격적으로 시작하면, 세계 1위 원전 보유국이 되는 것은 시간문제로 보인다. 그동안 중국은 내륙에 원전 건설을 할 수 없도록 법으로 규제해왔으나 폭증하는 전기 수요를 감당하기 어려워, 내륙에도 원전 건설을 해야 한다는 쪽에 무게를 두고 검토하고 있는 단계다. 이 때문에 전문가들은 가까운 미래에 중국이 내륙에 원전 건설을 본격화할 것으로 보고 있다. 2018년 현재 중국의 인구는 14억1000만 명으로 세계 1위이고, 인도는 13억5000만 명으로 세계 2위다. 중국의 국토 면적은 미국에 이어 세계 4위이고, 인도는 호주에 이어 세계 7위의 국토 면적을 가지고 있다. 이들 두 나라는 급격한 경제성장으로 세계의 굴뚝산업을 주도하고 있는 가운데, 전력 수요가 급속도로 늘고 있으며, 인구증가와 가전제품 보급 확대로 개인이 사용하는 전기 사용량도 지속적으로 증가하고 있다.

선진국의 경우 산업의 패러다임이 굴뚝산업에서 서비스산업으로 이동하면서 전기 수요가 점진적으로 증가하는 반면, 개발도상국의 경우 중국과 인도처럼 전기 수요가 예상을 뛰어넘어 폭증하고 있다. 이에 대한 해결책을 원전에서 찾고 있는 것이다. 결국 세 번의 원전 사고에도 불구하고 독일과 스위스를 제외한 대부분의 국가들은 원전 건설을 멈추지 않고 있다.

친원전과 탈원전 사이

문제는 과연 원자력발전만이 대안인가 하는 데 있다. 2011년 동일본 대지진으로 촉발된 후쿠시마 원전 사고로 세계는 바짝 긴장했다. 그럼에도 불구하고 시간이 지남에 따라 원자력발전은 그린에너지로 각광 받았고, 탄소배출에 대한 국제규제로부터 자유로웠다. 여기에 더해 안전기술이 보완되고 강화되면서 원전 건설 비중은 갈수록 높아지고 있다. IAEA는 전력 수요의 증가와 경제성으로 인해 원전 건설이 지속적으로 늘어날 것으로 내다보고 있다. 특히 그동안 후진국 또는 개발도상국에 머물러 있던 나라들의 경제발전이 가속화되고 있다. 게다가 기존 원자력발전소 보유국뿐 아니라 원전 미보유국들도 원전 건설을 추진함으로 인해, 2050년이 되면 예상을 뛰어넘을 정도로 많은 원전이 건설될 것으로 보인다. 물론 스리마일 원전 사고 (5등급, 1979년 3월), 체르노빌 원전 사고(7등급, 1986년 4월), 후쿠시마 원전 사고(7등급, 2011년 3월)를 겪으면서, 국제사회에서 탈원전에 대한 목소리도 높아진 것은 사실이다. 특히 최근 발생한 후쿠시마 원전 사고 이후 일부 국가에서는 탈원전을 국책과제로 삼아 적극 추진하고 있다.

탈원전의 대표적인 국가로 독일과 스위스를 들 수 있다. 독일은 2022년까지 17기의 원전을 완전 폐쇄하고 화석연료나 풍력발전, 태양광발전에 투자할 계획이고, 부족한 전기는 수입한다는 계획이다. 스위스의 경우도 2034년까지 5기의 원전을 점진적으로 폐쇄할 계획을 가지고 있다. 미국은 스리마일 원전 사고 직후 이미 건설 중인 원전만 허용하고 신규 원전 허가는 내어주지 않겠다고 발표했지만, 2000년이 넘어서면서 원자력발전소 건설에 대한 정책을 유지하는 쪽으로 방향을 선회했다.

일본도 후쿠시마 원전 사태로 국민여론이 최악의 상황에 놓여 있을 때 원전에 대한 비판적 시각이 많았으나, 시간이 흐르면서 원전 비중 축소나 단계적 폐쇄는 고려하지 않고, 기존의 원전 확대정책을 유지하고 있다.

우리나라 원자력발전소 현황

우리나라는 기존의 원전 확대정책에서 2017년 문재인 정부 집권 후 완만한 탈원전정책으로 선회했다. 국민의 생명과 위험을 담보한 원전 확대정책보다는, 국민 모두가 어느 정도 비용을 부담하더라도 탈원전정책을 국가 미래를 위해 더 필요한 선택으로 보고 적극적으로 추진하고 있는 것이다. 대표적 예가 수명연장을 추진하려 했던 국내 첫 상업용 원자력발전소 고리 원전 1호기가 2017년 6월 18일 영구정지된 것이다. 또한 문재인 대통령은 "새로 건설 중이거나 계획 중인 원전 사업을 전면 재검토하여 원전 중심의 발전정책을 폐기하고 탈핵시대로 가겠다"고 선언했다. 이로써 우리나라는 독일, 스위스 등과 함께 탈원전* 선언 국가 대열에 합류했다.

현재 국내에는 한국수력원자력이 운영하는 원전 24기가 가동 중이다. 지금은 폐로되었지만, 1978년 4월 29일 587㎿의 고리 원전 1호기가 우리나라 최초의 상업용 원자력발전소다. 미국 웨스팅하우스가 설계하고 시공했으며, 착공한 지 7년 만에 완공되었다. 고리 원전이 준공되고 곧바로 닥쳐온 1979년 제2차 오일쇼크는 국가적 위기를 돌파할 수 있는 기회로 인식되어, 고리 원전의 가치를 한층 높여주었고, 그로 인해 원전 건설에 더욱 박차를 가하는 계기가 되었다. 이후 1983년 4월 월성 1호기와 같은 해 7월 고리 2호기가 준공되어 상업운전에 들어갔다.

현재 국내 원전은 전남 영광에 있는 한빛 원전 6기가 있고, 그 외 18기(부산 고리 원전 3기, 울산 신고리 원전 3기, 경주 월성 원전 4기, 신월성 원전 2기, 울진 한울 원전 6기)는 모두 경상남북도에 몰려 있다. 국내 원전 24기의 설비용량은 22,529㎿로 국내 전력 생산의 30%를 넘게 차지하고 있으며, 우리나라 발전소 중 가장 많은 전력 생산을 담당하는 것은 미세먼지의 주범인 석탄화력발전이다. 국내 원자력발전 원년인 1978년에는 원자력발전이 차지하는 발전량이 9%에 불과했으나 오늘날에는 30%를 넘고

---

*   에너지를 만드는 핵분열은 '원자'의 중심에 있는 '원자핵'이 쪼개지는 현상을 말한다. 따라서 원자력발전소와 핵발전소는 같은 뜻이다. 이 책에서 '탈핵'과 '탈원전'도 같은 의미로 사용했다.

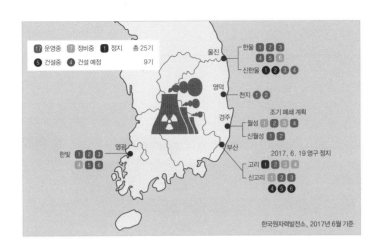

우리나라 원자력발전소 현황

있다. 현재 건설 중인 원전 6기를 포함하여 2029년까지 총 12기의 원전을 더 건설할 예정인데, 모든 것이 계획대로 진행된다면 우리나라는 원전을 모두 36기 보유하게 되며, 발전량은 화력발전을 뛰어넘을 것으로 예상된다. 원전 건설도 경상도와 전라도에 국한되지 않고 강원도(삼척시)에도 건설할 가능성이 높다.

　문제는 우리나라의 원전 밀집도가 지나치게 높다는 데 있다. 우리나라의 국토 면적은 세계 109위로 99,720㎢이다. 현재 가동 중인 원전이 24개이므로 4,155㎢당 1기씩 있는 꼴이다.

　원전을 가장 많이 보유한 미국은 국토 면적이 9,826,675㎢

© IAEA

부산 기장군에 위치한 고리 원자력발전소(왼쪽부터 1~4호기).
국내 첫 상용원전인 고리 1호기는 18일 밤 12시 영구정지됐다.

고리 1호기의
주제어실

로 우리나라의 100배에 달하지만 원전은 99기가 가동 중이다. 이는 1기당 99,259㎢의 면적을 차지하고 있다는 의미이고 바꿔서 말하면 우리나라의 국토 면적의 넓이에 원전 1기가 건설되어 있다는 뜻이다. 경제개발로 인해 급증하는 전력 수요에 대비하여 원전 건설을 적극적으로 추진하고 있는 중국의 경우 가동 중인 원전은 39기, 건설 중인 원전은 18기, 향후 건설계획 중인 원전은 24기로 이를 모두 합하면 81기에 이른다. 중국이 계획된 원전을 모두 건설한다면 세계 2위의 원전 보유국이 되겠지만, 국토 면적에 비하면 우리나라가 가장 밀집도가 높다. 국토 면적이 좁고, 원전 밀집도가 높다는 것은 원전 사고가 발생하면 그만큼 피해가 크고, 대피할 곳이 부족하다는 것이다. 가까운 일본에서 2011년 후쿠시마 원전 사고가 발생하자 일본 정부는 반경 30km까지 대피령을 내렸지만, 상황이 최악으로 치달을 경우 도쿄를 포기해야 한다는 전문가들의 경고까지 나왔다. 당시 일본의 간 나오토 총리는 "동일본 대지진으로 촉발된 후쿠시마 원전 사고 최악의 시나리오는 3000만 명이 넘는 국민의 대피계획을 세워야 하는 것이었다"고 술회했다.

원전을 찬성하는 측의 전문가들은 원전 사고는 대단히 낮은 확률로 일어난다고 말한다. 하지만 그 낮은 확률이라도 한 번 발생하면 돌이킬 수 없는 끔찍한 재난을 피할 수 없다. 그것은 사고의 원인이 자연재해이든 인재이든 가리지 않는다. 후쿠시마의 경우 자연재해와 인재가 겹친 경우고, 나머지 스리마일 원전과 체르노빌 원전 사고의 경우 인재 쪽에 더 많은 무게를 두고 있다. 요즘도 우리는 심심치 않게 홍수나 지진 소식을 국제뉴스에서 접하고 있으며, 우리나라 역시 경주를 비롯한 동해안의 지진 발생 빈도가 높아지면서 우려의 목소리가 커지고 있다. 그리고 아무리 사고 확률이 낮아도 원전을 운전하는 것이 사람이라면 인재는 언제든지 발생할 수 있는 것이다.

원전의 경제성에 대해 사용후핵연료나 기계, 피복 등 중저준위 방서성 폐기물 처리에 막대한 비용이 들어간다는 주장도 귀 기울여야 할 대목이다. 여기서 말하는 중저준위 방사성 폐기물이란 원전에만 국한되지 않고 원전 연료로 사용된 사용후핵연료를 비롯해 원전 내 방사선 구역에서 작업자들이 사용했던 작업복, 장갑, 기기교체부품 등과 방사성 동위원소를 사용하는 병원, 연구기관, 대학, 산업체 등에서 발생하는 것을 통칭한다. 이러한 방사성 폐기물은 일정 기간 법적 관리가 필요한 것으로 안전하게 관리되고 있지만, 언제든지 문제를 일으킬 가능성은 열려 있다.

2016년 경주 지진이 말해주듯 자연재해는 언제든 우리의 원전을 위협할 수 있다. 한국지질자원연구원은 양산단층과 울산단층 지진계에 측정된 관측 자료를 분석해 양산단층대가 활성단층이라고 판단되는 측정값을 선으로 연결해 활성단층지도를 제작하고, 지질조사 결과 활성단층이라고 결론 내렸다. 활성단층은 지층이 움직여 지진이 일어날 가능성이 있는 단층으로, 지층이 끊어진 후 어긋난 상태에서 완전히 굳어지지 않아 외부 압력에 취약한 구조를 갖고 있다. 또한 얼마 전까지 원전과 관련하여 매스컴에 오르내렸던 '불량부품 납품' '원전부품 시험 성적서 위조' 같은 일이 앞으로도 발생하지 않을 것이란 보장이 없다.

원전은 한번 사고가 나면 되돌리거나 회복할 수 없는 막대한 피해를 남기므로 점검과 감시가 필수이지만, 그보다 우선적인 것은 근본적 위험요인을 제거하는 것이다. 향후 대한민국이 원전의 위험으로부터 자유롭기 위해서는 지금의 원전을 단계적으로 축소하거나 폐쇄하는 길을 가야 한다. 이를 위해 가격 경쟁력을 갖춘 신재생에너지와 클린에너지에 대한 연구와 노력이 무엇보다도 필요하다.

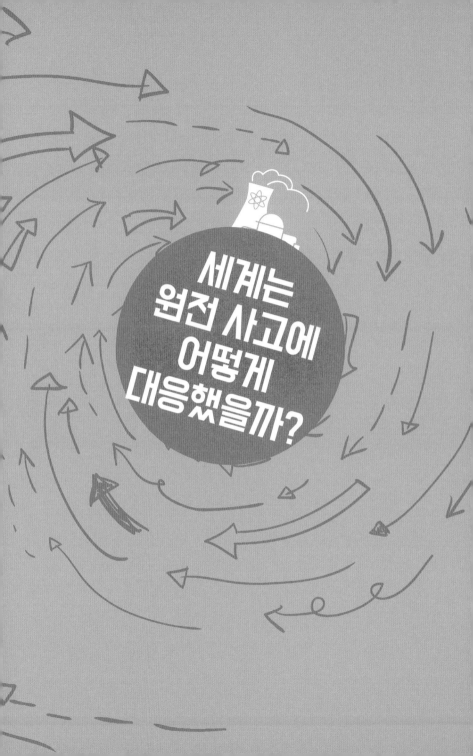

세계는
원전 사고에
어떻게
대응했을까?

스리마일 원전 사고

스리마일 섬[*] 원자력발전소는 미국 동북부에 위치한 펜실베이니아 주 해리스버그 시에서 16km 떨어진 서스쿼해나 강 가운데 있는 원자력발전소다.

1979년 3월 28일 새벽 4시 미국 펜실베이니아 주 미드타운 인근 스리마일 섬 원자력발전소Three Mile Island Nuclear Generating Station, TMI 에서 2기의 원자력발전소 중 제2원자로의 주 급수펌프가 고장이 나면서 작동을 멈췄다. 미국 원자력발전소에

---

[*]　스리마일은 우리나라의 여의도처럼 서스쿼해너 강에 위치한 작은 섬으로, 섬의 길이가 약 3마일(1마일 : 약 1.6093km. 스리마일 섬의 길이는 약 4.8km) 정도라 붙여진 이름이다.

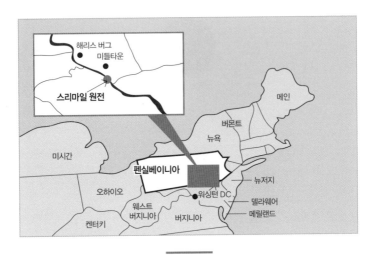

스리마일 아일랜드의 위치

서 최초의 방사능 유출 사고로 기록된 스리마일 섬 원전 사고
발생을 알리는 신호였다.

스리마일 원자력발전소는 1978년 4월 완공되어 시험운전을
마치고 1978년 12월 30일 상업운전에 들어간 지 4개월 만에
사고가 발생했다. 사고 발생 원인은 실제 사고가 일어난 시간
보다 11시간 앞서 일어났다. 가압 경수로형*인 스리마일 원자

---

*   끓지 않으면서 높은 온도를 유지하기 위해 고압에서 보관되는 물을 통해 열
이 핵심부에서 열 교환기(증기 발생기)로 운반되는 경수로. 증기 발생기는 전기를 생
산하는 터빈을 작동시킨다. 가압 경수로는 전 세계적으로 가장 널리 쓰이는 원자로
다.(국방과학기술용어사전. 2011. 국방기술품질원)

사고 전 스리마일 섬 원자력발전소 전경

력발전소는 3월 27일 오후 5시 2차 냉각창치에서 이상 현상이 발생했다. 원자로를 가동하다 보면 자주 발생하는 문제이기 때문에 담당자는 공기압을 이용해 문제를 해결했다. 그러나 공기압으로 밀려난 물이 2차 계통의 열려 있던 밸브를 통과하여 2차 냉각 시스템 펌프를 파열시켰고, 새벽 4시에 정지하는 사고가 발생한 것이다.

냉각장치의 배관이 파열되어 작동하지 않자, 사고 발생 8초후 원전의 비상정지 기능이 자동으로 가동되면서 핵연료봉의 핵분열을 막는 제어봉이 원자로에 삽입되어, 추가 핵분열은 이루어지지 않았다. 이미 발생한 잔열과 급격히 올라가는 원자로의 압력을 낮추기 위해 긴급노심냉각장치가 사고 발생 14초 후 가동되었지만, 3개 비상펌프 가운데 2개가 작동하지 않았다. 스리마일 원자력발전소는 2차 냉각 시스템 순환계가 정지되면 보조펌프가 자동으로 작동되도록 시스템화되어 있었다. 그러나 비상용 보조펌프는 정기점검을 위해 2개의 관을 막아놓고 있어서 자동으로 작동할 수 없었던 것이다. 이는 미국에서 민간인의 핵물질 사용을 감시하기 위해 설립된 독립적인 규제기관인 미국원자력규제위원회NRC, Nuclear Regulatory Commission 의 규정을 위반한 것이었다.

통제실에서는 계기판의 수치가 잘못된 것으로 오판, 운전원이 노심의 비상냉각 시스템을 꺼버렸다. 통제장치의 오작동과

사고 당시 원전 제어실 모습

사고 당시 100여 개가 넘는 경고등에 불이 동시에 들어와 원전 운전원이 정확한 원인 파악을 할 수 없었으며, 위험 신호를 나타내는 램프는 각종 장치에 달려 있던 종이 라벨에 가려 있었다. 이 때문에 사고 초기 사태 파악을 하는 데 실패했다.

운전자들의 실수가 겹치면서 원자로 안에 물 공급이 중단되자 불과 몇 분 만에 원자로 내부온도가 수직상승했고, 발전소 통제실에 있던 100여 개가 넘는 계기판은 위험을 알리는 신호로 번쩍였다.

원자로를 식히는 냉각수는 상당량 손실되었고, 원자로 노심 자체도 녹아내리기 시작했다(멜트다운melt down). 원자로 안에는 농축 우라늄인 핵연료가 들어 있고, 핵연료는 지르코늄이라는 합금 연료봉이 감싸고 있었다. 지르코늄 합금 연료봉은 핵연료에서 방사성 물질이 나오는 것을 막기 위한 보호막 역할을 한다. 그런데 냉각수가 없어 원자로의 온도가 지속적으로 상승하면 지르코늄 연료봉이 공기와 반응하면서 대량의 수소가스가 발생한다. 이렇게 튀어나온 수소는 공기 중의 산소와 만나면 폭발하는 성질이 있는데, 사고 수습과정 조사 결과 소규모 소수폭발이 있었다는 것이 밝혀졌다. 다행히 원자로나 건물이 폭발하는 대형 사고는 발생하지 않았지만 폭발 규모가 컸더라면 7등급 사고로 갈 수 있던 매우 위험한 상황이었다.

스리마일 원전 사고는 인재?!

발전소 내 비상벨이 울리고, 사고 수습을 위한 직원들을 뺀 나머지는 대피했다. 통제실 인원들은 상황 파악과 사태수습을 위해 동분서주했으며, 소방장비와 인력이 도착했다. 펜실베이니아 주지사는 주 비상위원회 의장에게 사태 파악을 지시했고, 의장은 스리마일 원자력발전소에서 발표한 내용을 그대로 보고했다. 보고 내용은 "새벽 4시경에 냉각장치 이상으로 사고가 발생했고, 지금은 사태 수습에 나서고 있으며, 안전설비는 잘 작동

스리마일 섬 원전 사고 이후 벌어진
원전 반대 시위

하고 있다"는 것이었다. 기자들이 몰려들었고, 펜실베이니아 주 정부와 미국 원자력규제위원회는 정확한 사태 파악과 진상 규명을 위해 조사단을 파견했다. 신문과 방송은 전문가들의 말을 빌려 안전하다는 쪽과 매우 위험하다는 쪽으로 나뉘어 보도하고 있었다. 그럼에도 사태는 수습되는 것처럼 보였고 주민들은 안도의 한숨을 쉬었다. 그러나 시간이 흐르면서 멜트다운에 관한 문제가 제기되었고, 방사능 누출에 대한 위험경고가 발생

2010년 6월 스리마일 섬 원전 모습.
미국 펜실베이니아 주 스리마일 아일랜드 원자력발전소의 1호기(오른쪽 굴뚝 2개)에서
연기가 피어오르고 있지만, 1979년 사고가 난 2호기는 여전히 가동되지 않고 있다.

하자 주지사는 원전 반경 5마일(8km) 이내에 거주하는 임산부와 미취학 아동을 대상으로 대피권고를 내렸다. 스리마일 주변 마을은 대혼란에 빠졌다. 수많은 주민들이 마을을 떠나기 위해 고속도로로 몰려들었고, 고속도로 주변은 대혼잡을 이뤘다.

20만 명에 이르는 사람들이 도심을 빠져나갔지만, 미처 빠져나가지 못한 펜실베이니아 주 주민들은 공황 상태에 놓이게 되었다. 미국 국민들의 눈과 귀가 모두 스리마일 원자력발전소에 모이고, 반핵·탈핵에 대한 여론이 비등해졌다. 스리마일 원자력발전소 사태가 국민들에게 심리적으로 심각한 영향을 준다고 판단한 카터 대통령은 민심을 잠재우기 위해 스리마일 섬을 직접 방문했다. 대통령이 방문하자 소문으로만 떠돌던 대량의 방사능 유출이나 폭발 가능성에 대한 여론은 잦아들었다. 스리마일 사고현장을 방문한 카터 대통령은 "더 이상 원자력발전소 건설은 없다"고 선언했다.

대통령이 다녀간 후 그동안 제기되었던 위험 가능성이 지나치게 확대해석된 것으로 밝혀졌다. 잘못된 방사능 오염 수치들이 여과 없이 발표되고, 전문가들이 지적한 여러 가능성을 언론이 확대 보도하면서 논란을 일으켰던 모든 것들은 잦아들었다. 평정심을 되찾은 주민들은 살던 마을로 다시 돌아왔다. 그리고 스리마일 원자력발전소 2호기는 모든 안전조치를 취한 후 영구폐쇄하는 것으로 결정되었다.

스리마일 원전 사고 이후

사고 발생 6개월 후와 3년이 지난 1982년, 스리마일 원자력발전소 2호기에 대한 각각의 최종 보고서(대통령 직속 스리마일 섬 조사위원회)가 나왔다. 우라늄 100t이 담긴 원자로에서 20t가량이 녹고, 보고서는 방사능 물질에 오염된 냉각수와 기체가 건물 밖으로 일부 나왔다고 전했다. 그러나 우려했던 것에 비해 방사능 유출량은 미미했으며, 인체에 영향을 미칠 정도는 아니었다고 밝혔다. 자연 상태에서 인간의 연간 피폭량은 평균 2.4mSv인데 스리마일 발전소에서 누출된 증기의 방사선 양이 주민들에게 미칠 영향은 X선 촬영을 2~3회 하는 정도의 피폭으로 밝혀졌다. 자연 상태에서의 연간 평균 피폭량에 비하면 무시해도 될 수치였다. 그러나 환경단체가 조사한 결과는 최종 보고서와 달랐다. 스리마일 원자력발전소 주변에서 키우는 젖소들의 우유에서 다른 지역에 비해 세슘과 요오드의 수치가 높게 나왔고, 주민들의 암 발병률이 높아졌다는 것이었다.

스리마일 원자력발전소 사고는 최고의 기술과 안전을 자랑하던 미국의 원자력에너지 발전에 제동을 걸었다. 당시 총 129기의 신규 원전 건설계획이 승인되었지만, 이미 공사를 착공한 53곳을 제외하고 나머지 계획은 모두 취소되었다. 스리마일 원자력발전소 사고는 미국 국민에게 원자력발전의 안전성에 대

원자력사고등급INES

IAEA가 책정한 원자력 시설 및 원자력 이용 시 발생 사고에 대한 평가 척도다. INES는 사고 등급을 총 7가지 상태로 구분하며, 그중에서 3개를 이상, 4개를 사고로 분류한다.

0등급

척도 미만
Deviation-No Safety Significance 경미한 이상.
사건이 발생했으나 안전에 중요하지 않아서 사건으로 간주하지 않는 것. 또는 평상시를 0등급으로 보면 된다.

이례적인 사건Anomaly 운전제한 범위에서의 이탈. 큰 문제는 아니지만 사건이 생기면 세계 뉴스에 오른다.

1등급

이상Incident 시설물 내의 상당한 방사능 오염.
시설 종사자들의 법정 연간 피폭 한계치 내의 방사선 노출.
시설 내부에서 방사능 오염과 피폭이 있지만 안전상 심각한 정도는 아니다.

2등급

중대한 이상Serious Incident
시설물 내의 심각한 방사능 오염. 시설 종사자들의 심각한 피폭.
시설 내부에서 안전상 심각한 방사능 오염과 피폭이 발생한 경우.

3등급

시설 내부의 위험 사고Accident With Local Consequences
원자로 노심이 상당한 손상을 입었고 시설 종사자들이 심각한 피폭으로 사망.
소량의 방사능이 외부로 유출되어 주변 지역에 대한 경고가 시작된다.

4등급

시설 외부로의 위험 사고Accident With Wider Consequences
원자로 용기에 대한 중대한 손상을 입은 경우. 노심 용해가 시작되고 원자로 격벽의 일부가
파손되어 방사능이 외부로 누출된다. 시설 및 주변 지역에 대한 대피 권고가 발동된다.

5등급

심각한 사고Serious Accident 상당량의 방사성 물질 외부 유출.
사고 지점과 인근 지역에서 신속하게 대피하지 않으면 매우 위험하다.

6등급

대형 사고Major Accident 대량의 방사성 물질 외부 유출. 생태계에 심각한 영향 초래.
광범위한 지역에 방사능 물질을 누출시켜 엄청난 재앙을 몰고 온다.

7등급

한 회의를 갖게 했고, 초기 대응 당시 원인을 찾지 못하고 갈팡질팡하는 원자력안전위원회와 "스리마일은 아무 문제 없고, 안전하다"고 앵무새처럼 외친 원전 운용사에 대한 신뢰를 잃게 하는 원인이 되었다.

스리마일 원전 사고는 8km 반경 내에 거주하는 2만5000명의 주민들 가운데 건강상 피해를 입은 사람이 없었고, 방사능 유출량도 적었지만, 노심이 용융되는 사고였기 때문에 국제원자력사건등급INES에서는 최고 등급보다 두 단계 아래인 5등급으로 지정했다.

체르노빌 원전 사고

소련의 체르노빌 원자력발전소에서 1986년 4월 26일 새벽 1시 30분에 거대한 폭발이 발생하면서 인류의 재앙이 시작되었다. 모두가 잠든 새벽에 울린 굉음은 몇 번에 걸쳐 더 울렸고, IAEA는 최초로 '방사성 물질 대량 유출과 생태계에 심각한 영향을 미치는 대형 사고'에 해당하는 7등급 사고로 지정했다. 2005년 UN은 체르노빌 사고로 인한 직접 사망자는 56명, 암발병 등으로 인한 사망자는 4000명이었다고 발표했다. 사고가 컸던 만큼 인명피해 집계도 기관마다 달라서 세계보건기구

체르노빌 원자력발전소의 위치

WHO는 암 발병으로 인한 추가 사망자가 9000명이 넘을 것이라고 추정했으면(2006), 환경단체 그린피스는 원전 사고로 인한 사망자가 9만3000명에 달할 것이라고 밝혔다. 이 밖에 피폭자 약 800만 명, 피폭자 중 심각한 후유증을 겪고 있는 피해자만 70여만 명에 이르는 초대형 참사였다.

우크라이나 체르노빌 북서쪽 18㎞에 위치한 프리피야트에 건설된 체르노빌 원자력발전소의 원래 명칭은 레닌 공산주의 기념 체르노빌 원자력사업소였다. 발전소는 소련이 개발한 RBMK-1000형의 흑연감속 비등경수 압력관형 원자로로 1971년 공사를 시작해 1978년 5월, 1호기가 운전을 시작했고, 이어 2년에 1기씩 완공되었으며, 사고가 난 4호기가 완공된 것은 1983년이었다. 5호기와 6호기 원자로는 1986년 체르노빌 원

체르노빌 원전 건립 당시 만들어진 건립비

전 사고 당시 건설 중이었지만, 사고 이후 건설이 중단되었다.

사고는 어떻게 일어났나

체르노빌 원전의 폭발 원인은 '안전검사실험'에서 시작되었다. 당시 야간 근무자들에게는 '안전검사' 지시가 내려져 있었다. 비상시 예비발전기 가동 전까지 발전소가 제대로 작동하는지 점검하는 실험이었다. 즉, 송전정지 상태에서 원자로 운전정지 중 터빈의 회전관성에 의한 발전소 내 비상전원공급이 어떻게 진행되는지 알아보는 것이었다. 이 실험은 허가를 받지 않고 비공식적으로 진행되어 나중에 파장이 커졌다. 실험 참가자들은 지시사항에 따라 실험을 진행했다. 밤 12시 5분 모든 것을 점검한 실험 참가자들은 원자로의 출력을 서서히 낮췄고, 실험이 진행되는 20분 동안은 아무 문제도 발생하지 않고 순조롭게 진행되었다.

　그러나 조작 미숙인지 아니면 다른 원인이 있었는지 부정확하지만, 원자로에 이상이 발생해 출력이 지나치게 낮아졌다. 정지 상태까지 도달하게 되자 출력을 높여 문제는 해결되었고, 문제점을 점검한 후 새벽 1시에 실험을 재개했다. 실험 시작 3분 뒤 보조펌프를 담당한 기사가 보조펌프를 열어 냉각수를 원자로 안으로 공급했다. 문제는 여기서부터 시작되었다. 물이 급속도로 너무 많이 공급되어 터빈을 돌릴 수증기가 만들어지지 않은 것이다. 조작원이 원자력 노심 출력을 높이자 수증기가 만들어져 원활히 돌아가는 듯했다. 이때까지 무엇이 문제인지 모르지만 모든 실험은 원활히 돌아가는 듯 보였고, 실험 참가자들 누구도 노심의 온도가 치솟고 있다는 것을 감지하지 못했다. 그때 시각은 1시 19분으로, 실험을 시작한 지 19분이 경과한 때였다. 이후 아무 문제가 없다고 판단한 조작원들은 다음 단계 실험에 돌입했다. 1시 23분, 조작원은 원자로 터빈의 스위치를 껐다. 그런데 곧바로 원자로 노심의 온도가 지속적으로 치솟았고, 경고음이 울리기 시작했다. 최악의 참사를 알리는 신호였다.

긴급정지 시스템이 가동되면 제어봉이 삽입되게 되지만, 제어봉이 삽입되는 데는 시간이 필요했다. 더구나 제어봉 삽입도 쉽사리 이루어지지 않았다. 급속히 치솟은 원자로 온도는 제어할 시간을 주지 않았고, 4호기는 곧바로 통제 불능 상태에 빠졌다. 지나친 온도상승에 조작원들은 곧바로 '원자로 비상정지 버튼'을 눌렀지만 이미 원자로는 통제선을 벗어나 있었다. 주입한 냉각수는 모두 증발해버리고, 비상정지 버튼을 누른 지 1분도 안 돼 수소폭발이 일어났다. 2000t에 이르는 원자로 덮개가 날아가고, 고온화된 흑연이 물과 반응하면서 연쇄폭발이 일어났다. '인류의 재앙'으로 악명을 떨친 체르노빌 원전은 거대한 폭발을 일으키며 죽음의 재를 하늘 높이 흩뿌려 놓았다. 1차 폭발로 생긴 불기둥은 400m에 이를 정도로 높았고, 이어 몇 차례 이어진 폭발로 체르노빌 원전은 순식간에 아수라장이 되었다. 수백t의 '죽음의 재'인 방사성 물질이 통제 구역을 벗어났다.

원전에 화재가 발생하자 체르노빌 부속 소방서가 출동했다. 소방대원들이 화재 진압을 위해 고군분투했지만 온도가 지나치게 높아 화재 현장에 접근하기가 쉽지 않았다. 지원 소방대원이 도착하고 4시간의 사투를 벌인 끝에 큰 불은 진압되었지만, 300여 명의 소방대원은 단순 화재로 판단, 방사능 피폭에 대한 대비를 하지 않았다. 화재 진압에 참여했던 소방대원 중 29명이 2개월을 넘기지 못하고 사망했고, 나머지 대부분의 소방대원들이 사고 이후 사망하거나 심각한 후유증을 앓았다. 소방대원들의 화재 진압으로 불길은 잡았으나, 과도하게 투입된 물이 뜨거운 온도에 의해 증기로 바뀌며 흑연과 반응하여 대량의 수소를 만들어냈고, 그로 인해 2차 폭발이 발생했다. 또다시 죽음의 재는 체르노빌을 벗어나 바람을 타고 이동했다. 사태 수습에 동원된 많은 사람들이 무방비로 방사능에 노출된 가운데 화재 진압에 몰두했지만, 2차 폭발의 불길이 3호기를 덮쳤고 인근 건물도 불타올랐다.

침묵으로 일관한 소련 정부

처음에 단순 화재로 보고받은 소련 정부 당국은 사태 해결에 미온적이었지만, 상황이 심각해지자 3000명의 군병력을 파견해 사고 수습에 나서고 소방대원 1000명도 추가 파견했다. 피해가 심각해지는 가운데에서도 소련 공산당 서기장 미하일 고르바초프는 침묵으로 일관했다. 죽음의 재는 바람을 타고 세계 곳곳에 방사능 물질을 확산시켰다. 방사능 수치가 갑자기 높게 측정되는 것을 확인한 유럽 각국은 소련을 의심하고 소련 당국에 핵실험이 있었는지 문의했지만 아무런 답변도 듣지 못했다. 그러나 미국의 첩보위성이 촬영한 영상을 분석해 제시하자 소련은 무거운 침묵을 깨고 입을 열었다.

소련 당국은 4월 28일, 사고 발생 3일 만에 관영통신을 통해 체르노빌 원전에서 사고가 발생했다고 인정했다. 그러나 사고의 규모, 사상자 및 방사능 유출에 대한 사항은 함구하고 있었다. 사고의 규모나 방사능 유출을 알지 못한 유럽 각국은 불안해했고, 계속해서 소련에 정보공개를 요구했지만, 소련 당국은 구체적 언급을 피하기만 했다. 그리고 사고 발생 10일 후 소련은 공식적으로 사고 발생의 전모를 공개했다. 체르노빌로부터 1300㎞ 떨어진 스웨덴의 경우 평소의 6배, 핀란드의 경우 4배에 달하는 방사선량이 검출되었고, 덴마크·폴란드 등에서도

원자로의 화재를 진압하고자 보호장비 없이 뛰어들어 대부분 사망한 소방관들을 추모하기 위해 세워진
체르노빌 추모탑(위)과 화재 진압 시 사용되었던 로봇

평소보다 많은 방사선이 검출되었다. 유럽에 거주하는 5억 인구의 눈이 소련의 입과 체르노빌에 쏠리고 있었다.

체르노빌 원전에서 사고 발생 당일 측정한 방사능 수치는 상상을 뛰어넘는 것이었다. 사고 발생 지점은 1시간만 노출되면 사망에 이를 정도였고, 원전 주변은 5시간만 노출되면 치사량에 이를 수 있을 만큼 심각했다. 원전에서 3km 거리에 있는 프리피야트 마을도 심각한 수준이었다. 폭발의 정도와 방사능 유출량으로 보아 원전 반경 30km 이내는 모두 대피해야 했다. 하지만 소련 당국은 주민들의 동요와 원자력 기술력에 대한 자부심에 상처가 나는 것이 두려워 사태 수습을 미루고 있었다. 더구나 체르노빌 원전에서 보낸 초기 보고서에는 단순 화재로 기록되어 있었다. 정부 당국은 진압만 하면 되는 것으로 기대하며 침묵으로 일관하고 있었다. 그러는 사이 방사능 피폭자는 계속 늘어만 갔다.

화재 진압 과정에서 소련 당국은 정확한 사고원인 확인과 점검 및 대책을 강구하기 위해 핵공학자를 현지에 파견하여 조사하게 했다. 조사 보고서를 보고 뒤늦게 사태 파악을 한 소련 당국은 더 이상 버티지 못하고 대피령을 발동했다. 군이 동원된 가운데 사고 발생 34시간이 흐른 27일 오전 11시, 대형 버스가 프리피야트 시내로 줄지어 들어왔다. 그때까지 사태의 심각성을 느끼지 못했던 주민들은 당국의 지시에 따라 아무런

체르노빌 원자력발전소 인근 도시 프리피아트에 있던 (위에서부터 차례대로) 수영장,
놀이공원, 유치원. 모두 흔적만 남아 있다.

체르노빌 사고 이후 버려진 집. 집주인은 사고 당일 이후 다시는 돌아오지 못했다.

준비도 없이 무작정 버스에 올랐고, 다시는 정든 집과 마을로 돌아갈 수 없었다. 삶의 터전과의 영원한 이별이었다. 4만여 명이 삶을 꾸려갔던 프리피야트는 텅 빈 유령도시가 되어버렸다. 프리피야트 주민의 대피가 완료되자 사고 발생 5일이 지난 4월 30일, 원전 반경 30km 이내에 거주하는 모든 주민에 대한 대피령이 내려졌다. 주민 9만 명은 잠시 대피해 있으면 될 것으로 생각하고 집을 비웠다. 그러나 그들은 자신들이 살던 마을로 영원히 돌아갈 수 없었다. 원자로 주위 30km 권역은 현재까지 출입금지 상태에 놓여 있다.

사고 발생 3일이 지나도록 체르노빌 원전은 불길에 쌓여 있었다. 최초 폭발 이후 4호기에 들어 있던 핵연료 190t은 계속 열을 뿜어내고 있었다. 이 과정에서 엄청난 양의 요오드131과 세슘137이 대기중으로 흩어졌다. 그 외에도 코발트, 스트론튬, 넵투늄, 세륨, 루테늄 등 200종류가 넘는 유해물질이 원자로 밖으로 나와 바람을 타고 흘러갔다. 북유럽에서 발견된 이러한 물질들은 체르노빌에서 1000km 이상 떨어진 곳이다. 이 중에서 코발트나 넵투늄, 세륨의 경우 3000~4000℃ 이상에서 기화하기 때문에 당시 원자로의 내부 온도가 어느 정도 고온이었는지 알 수 있다. 그리고 이렇게 대기 중으로 흩어진 죽음의 물질은 인체에 치명적 영향을 주는데, 대표적으로 스트론튬은 척추에 쌓여 백혈병을 일으키고, 요오드는 갑상선암을 일으키며,

01

1차 폭발
체르노빌 원자로 4호가 스트레스 실험* 중 사고

*스트레스 실험
자연재해 또는 갑작스런 전력상실 등과 같이 발전소에 중대사고를 일으킬 수 있는
극단적인 상황에 사고예방 및 사고관리를 위한 대응책 등을 확인하는 실험

1986년 4월 26일 새벽 1시 24분경
원자로 내 물이 끓으며 폭발, 노심 파괴

오전 5시경
사고 직후 출동한 소방대가 화재 진압

02

2차 폭발
화재 진압 시 사용한 물이 증기로 기화되면서 반응로 내의 흑연 등 가연성 물질과
반응하며 폭발, 원자로의 콘크리트 천장까지 파괴

4월 26일 아침
스웨덴을 비롯한 북유럽 국가에서 평소의 6배가 넘는 방사능 검출

4월 27일 오후 2시
인근 프리피야트 시와 야노프 시 이주 시작

4월 28일
소련 정부, 관영 통신 타스를 통해 사고 사실만 발표

5월 9일
군용 헬기를 동원해 폭발로 인한 화재 진압과 방사능 누출 방지를 위해 노력
3호기 액체질소를 노심에 주입해 마침내 화재 진압

03

사고 발생 후
500~1200경Bq 가량의 방사능 물질이 유출(히로시마 원자폭탄의 400배) 정부 공
식 통계로 4365명 사망, 비공식 통계 1만5000여 명 추정, 그 이후 직간접적인
영향으로 2만5000여 명 사망 추정

한국에너지정보문화재단

체르노빌 원전 사고일지

세슘은 근육에 암을 일으킨다. 사고 당시 요오드와 세슘 유출량이 엄청나서 나중에 원전 주변 및 바람이 부는 쪽에 살던 수많은 사람들, 특히 어린이가 갑상선암이나 종양에 걸리는 일이 많았다. 유출된 방사선 물질의 70%가 낙하한 벨라루스의 경우 전 국토의 23%가 오염 지역으로 분류됐다. 이 외에 러시아와 우크라이나까지 합치면 오염 지역에 거주하는 인구는 500만 명에 이르렀다.

SIP계획

화재 진압 작업이 진행되고 있는 가운데 소련은 국제사회에 도움의 손길을 요청하고 사고 수습에 돌입했다. 대규모 군인과 민간인이 동원되어 원전 반경 30㎞ 이내의 방사능 오염을 제거하는 작업을 했다. 동원된 인원만 50만 명에 달했고, 이들은 방사능에 오염된 모든 것을 제거하라는 명령을 받았다. 눈에 보이지 않고 냄새도 없는 오염원들을 제거하는 일이었다. 오염 제거반 일부는 산속을 돌아다니며 오염된 동물을 사냥했고, 또 다른 일부는 원전 주변 집들을 철거했다. 그 밖에 흙과 도로, 나무 등도 제거했다. 흙을 파낸 곳에는 모래와 진흙을 뿌렸고, 도로는 새로 건설했다. 철거된 건축 폐기물과 흙, 나무, 사살된 동물 등 방사능 오염물질들은 체르노빌 주변 곳곳에 깊게 만들어놓은 방사능 폐기물 처리장에 매립되었다. 수많은 인력이 오염제거작업을 진행했지만 결과는 기대에 미치지 못했다. 작업을 해야 하는 지역이 너무 광범위했고, 오염의 정도가 심각했기 때문이다.

체르노빌 반경 30㎞의 오염제거작업을 진행하는 동안 체르노빌 원전 4호기 화재 진압이 완료되고, 밀폐작업이 진행되었다. 철근과 콘크리트로 거대한 석관shelter을 만들어, 파괴된 원자로를 밀봉하는 작업이었다. 높이 66m, 길이 170m에 이르는 거대한 석관이 만들어졌고, 사고 발생 7개월 만인 1986년 11월에 완공되었다. 소련은 석관의 설계수명을 50년으로 예상했지만 내부 부식이 심하고 빗물이 침투하여 오염된 물이 흘러나오는 등 심각한 문제가 발생했다. 이에 추가 방사성 물질 누출차단 및 핵연료물질 제거를 위해 새로운 석관작업(아치형 금속 구조물에 시멘트로 덮어 방사능 유출을 막는 작업)을 진행했다. 이후 소련은 해체되고 우크라이나는 소련으로부터 독립한 상황이라 비용의 상당 부분을 우크라이나가 책임져야 했다(소련이 해체된 이후 체르노빌 사고를 유발했던 러시아는 1992년부터 1998년까지 체르노빌 사고 복구를 위해 38억 달러 이상을 투입했다). 그러나 우크라이나는 매년 국가예산의 5~6%를 방사능 오염제거비용이나 피폭자들의 의료비 등으로 지출하고 있어 재정적 어려움을 겪을 수밖에 없었고, 이에 국제사회에 도움을 요청했다(인구 980만 명에 전 국토의 23%가 오염된 벨라루스도 매년 국가예산의 5%를 복구사업에 쓰고 있다). 국제사회도 체르노빌 원전문제를 수수방관할 수 없었기에 지원에 나섰고, 그렇게 만들어진 것이 SIP 계획Shelter Implementation Plan 이다. 1997년 4월 우크라이나와 러시아, G7, EU 등을 중심으로 체르노빌 기금을 모금한 뒤, 길이 160m, 폭 270m, 높이 110m에 이르는 초대형 석관을 2012년에 착공하여 2016년에 완공했다. 당초 예상으로 투입되는 철만 2만t에 달했고 예산은 7억 6000만 달러였지만, 공사가 계속 진행되는 과정에서 철 투입량과 소요예산이 눈덩이처럼 불어나 총비용은 당초 예상의 2배가 넘는 17억 달러가 들어갔다. 이렇게 많은 예산이 들어갔음에도 설계수명 연한은 100년에 불과하다. 인류가 100년 안에 방사능을 완전히 제어하는 기술을 확보하지 않는 한 석관 수명이 다하기 전에 또다시 석관공사를 준비해야 한다는 뜻이다.

체르노빌 원전 사고, 그 후 30년

원전 사고가 수습되고 석관작업이 마무리되자 원전 4호기는 영구폐쇄되었다. 그러나 나머지 1·2·3호기 중 2호기가 1991년 10월 화재가 발생하기 전까지 여전히 가동 중이었다. 2호기 화재는 전 유럽을 또 한 번 긴장 속으로 몰아넣었다. 1986년 4호기의 폭발로 엄청난 인적·물적 피해를 보았던 유럽과 우크라이나 주변 국가들은 "당장 나머지 원전도 폐쇄하라"고 종용했다. 당시는 소련이 해체되고 우크라이나가 독립하는 시점이었기에 우크라이나 정부도 혼란스러운 정국에 놓여 있었다. 전력 부족을 우려한 우크라이나 정부는 원전을 계속 가동하겠다고 밀어붙였다. 하지만 세계 각국의 압력은 계속되었고, 특히 G7은 체르노빌 원전에 있는 모든 원자로의 가동 중단을 강력히 요구했다. 결국 우크라이나는 러시아와 유럽개발은행, EU로부터 재정지원을 확약받고 체르노빌 원전의 폐쇄를 결정했다. 1호기는 1996년, 2호기는 2000년에 가동을 멈췄고, 모든 원자로는 영구폐쇄되었다.

체르노빌 원전은 영구폐쇄되었지만 체르노빌 원전 사고는 현재진행형이다. 석관작업이 SIP로 이름을 바꿔 진행되었지만 설계수명은 100년에 불과하다. 또한 당시 소련이 피해자와 피해 규모를 은폐하거나 극도로 축소 발표해 자료로서의 가치가 없을 정도다. 소련이 IAEA에 제출한 보고서에 의하면 사고 발생부터 수습하는 기간까지 300명이 병원에 수용되었고, 그 가운데 급성 방사선증으로 28명, 기타 3명 등 총 31명이 사망한 것으로 나와 있다. 그러나 실제 사고 초기 화재 진압부터 청소작업, 터널굴착작업, 수조밸브 개폐작업, 석관작업, 매립작업 등에 동원된 인원만 60만 명이 넘는다. 더구나 사고 발생 이후 방치된 프리피야트 주민과 원전 반경 30㎞ 이내의 주민도 15

만 명에 이른다. 이들은 이유도 모른 채 대피령이 내릴 때까지 방사능에 오염된 곳에서 일상생활을 하고 있었다. 소련 당국이 신속히 대처했더라면 피해를 최소한으로 막을 수 있었다. 그러나 이들의 피해는 보고서에 넣지 않았다. 결국 적어도 70만 명 이상이 고농도 피폭 또는 1년 피폭량의 수십 배에 달하는 방사능에 장시간 노출되어 있었다. 또한 소련 정부가 원전 반경 15㎞ 이내 주민 6만 명의 방사선 피폭량을 조사한 것에 의하면, 적게는 33mSv에서 많게는 540mSv에 이르고 있다. 수치에서 보듯 원전 사고 진압과 복구에 투입된 군인과 민간인, 그리고 사고 당시 원전 주변에 살았던 주민들의 피폭량은 그들의 남은 삶을 장담할 수 없을 정도로 엄청났다.

동일본 대지진과 후쿠시마 원전 사고

2011년 3월 11일 오후 2시 46분 18초, 미야기 현 오시카 반도 동남동쪽으로 130㎞, 센다이 시 동쪽으로 70㎞ 떨어진 태평양 앞바다에서 해저 24㎞를 진원지로 하는 규모 9.0의 강진이 발생했다. 태평양 지각판과 북미 지각판 그리고 한국과 일본이 있는 유라시아 지각판의 충돌로 발생한 동일본 대지진은 세계

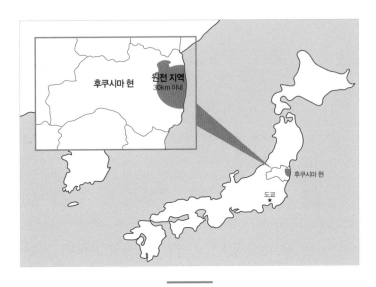

2011년 동일본 대지진 당시 후쿠시마 원전 위치

지진 관측사상 네 번째로 강한 지진이었다.

일본 도쿄에서 북동쪽으로 370km 떨어진 도호쿠 지방의 태평양 앞바다에서 발생한 지진이었지만 도쿄를 비롯한 일본 열도는 발칵 뒤집혔다. 일본 정부는 방송을 통해 즉각 '긴급 지진 속보'를 전국에 내보내고, 특히 진앙지와 가까운 도호쿠 지방 5개 현에 강한 지진이 도달할 것임을 알렸다. 강한 진동이 도달할 것으로 지명된 도호쿠 지방 5개 현에는 후쿠시마가 포함되어 있었다. 후쿠시마에는 후쿠시마 제1원자력발전소에 6기, 제2원자력발전소에 4기의 원자로가 있었고, 점검을 위해 정지시켜놓은 후쿠시마 제1원전 4~6호기를 제외하고 나머지 7기는 가동 중이었다. 일본 기상청의 긴급 지진 속보가 발령된 지 얼마 지나지 않아 후쿠시마 제1원전과 제2원전에는 땅이 흔들리고 뒤틀리는 강한 진동이 왔고, 원전은 자동정지 시스템이 작동되어 가동이 중단되었다.

일본 기상청은 지진 경보 3분 뒤 후쿠시마를 비롯한 주변 지역에 쓰나미 경보를 발령했다. 최초 경보는 3m 이상의 쓰나미가 올 것이라는 '대형 쓰나미 경보'였다. 그리고 얼마 지나지 않아 기상청은 후쿠시마에 밀려올 쓰나미를 6m로 상향조정하여 발표했다. 쓰나미를 막을 방조제 높이가 5.7m인 후쿠시마 원전은 경보 발령에 크게 동요했다. 하지만 기상청이 틀리기를 바라거나, 기상청 발표가 최고 높이를 예측한 것이기 때문에 그런 일이 발생하지 않기를 바랄 뿐, 별다른 대책이 없었다. 지진 발생 40여 분 뒤인 3시 30분경 제1파가 들이닥치며 4m 높이의 쓰나미가 방조제를 때렸다. 그리고 8분 후 바다를 본 원전 관계자들은 아연실색할 수밖에 없었다. 기상청이 예보한 쓰나미 높이의 3배에 가까운 15m의 제2파가 후쿠시마를 향해 오고 있었다. 기상청이 발표한 지진 경보만을 믿고 큰 동요 없이 지진으로 손상된 곳을 수리하느라 많은 인력이 분주히 움직이는 가운데 쓰나미는 방파제를 넘어 후쿠시마 원전을 덮쳤다. 일본을 비롯한 인류의 대재앙이 시작된 것이었다.

쓰나미

쓰나미는 영문명으로 'tsunami'이며 일본어 '진파津波'를 발음 그대로 쓴 것으로, 주로 해저 지진이나 해저 화산폭발로 발생해서 대양을 가로질러 전파되는 거대한 해일이다. 쓰나미가 보통의 파도와 다른 것은 일방적으로 한 방향으로 흐른다는 것이다. 쓰나미는 발생한 곳으로부터 동심원을 이루고 퍼져나가는데, 높은 파고를 유지하며 계속 전진하므로 해안가 저지대의 경우 침수 피해를 일으킬 수 있다. 기원 후 지금까지 알려진 쓰나미 파도의 최대 높이는 1883년 인도네시아 크라카토아에서 발생한 쓰나미로 파고가 140m에 이른 것으로 전해지고 있다. 2004년 인도네시아 수마트라에서 발생한 쓰나미의 경우 파고가 30m로 20만 명이 넘는 인명피해를 냈으며, 멀리 떨어진 몰디브, 인도, 스리랑카에서도 인명피해가 발생했다. 때문에 쓰나미는 지진보다 더 큰 피해를 남길 수 있고, 여파가 광범위하다. 높은 파도가 해안으로 밀려와 덮치므로 파고에 따라 고지대도 안전하다 할 수 없다. 쓰나미는 일반적으로 1~2파는 낮고 3~4파에서 최대 높이가 나오는 특성이 있다. 우리나라에 쓰나미가 발생한 것은 역사 기록에도 많이 나오지만 최근에 발생한 것으로는 1993년 일본 홋카이도 오쿠리 섬 북서 해역에서 발생한 진도 7.8의 지진으로 인해 동해안에 2.5m의 쓰나미가 덮친 적이 있었다.

1775년 포르투갈 리스본에 닥친 쓰나미를 묘사한 그림

대재앙이 시작되다

후쿠시마 제1원전은 해수면으로부터 10~15m 높이에 건설되었다. 건설 당시 도쿄전력은 지진과 지진해일에 대비해 완벽하게 지었다고 자부했다. 방파제도 과거 지진 사례와 쓰나미 높이를 감안해 5.7m로 설계했다. 논란은 있었지만 건설은 강행되었다. 지진해일 전문가들이 2008년부터 줄곧 "과거 메이지 시대 10m가 넘는 지진해일이 있었기 때문에 지금의 높이는 재앙을 불러올 수 있으므로, 방파제를 더 높게 쌓아야 한다"고 경고했지만, 도쿄전력은 여러 가지 이유를 들어 계속 미루어오고 있었다. 하지만 전문가뿐만 아니라 도쿄전력 내부에서도 대규모 지진해일에 관한 위험이 있다는 보고서가 나왔고, 예산이 확보되면 지진해일에 대비한 방호벽(방파제)을 보강하려는 계획을 추진하고 있었다. 그러나 쓰나미는 시간을 기다려주지 않았다.

15m의 쓰나미가 덮친 후쿠시마 제1원전과 9m의 쓰나미가 덮친 후쿠시마 제2원전은 심각한 상태에 놓였다. 쓰나미의 여파로 원전 전기 공급시설(철탑)이 파괴되면서 전기 공급이 중단되었다. 원전은 전기 공급 차단에 대비해 비상디젤발전기를 원자로 1기당 2대씩 설치해놓고 있었다. 문제는 방파제를 넘어온 바닷물이 원전 지하실로 밀려들어, 전기 공급을 해야 할 비상발전기를 삼켜버린 것이었다. 후쿠시마 제1원전에 있는 6기의 원

쓰나미가 지나간 뒤의 후쿠시마

쓰나미가 닥친 다음 날 미야기 현 센다이 시

자로에 각각 2대씩 총 12대의 비상디젤발전기가 있었지만, 해수면에서 13m 높이에 있던 6호기의 비상디젤발전기 1대를 제외하고는 모두 4~5m 높이로 침수되어 작동이 멈췄다. 후쿠시마 제2원전에 있던 비상디젤발전기도 일부가 침수되어 12대 가운데 3대만 가동되는 상황이었다. 도쿄전력 본사 대책본부와 후쿠시마 원전의 통신도 제대로 이루어지지 않았다. 모든 통신

시설과 인터넷 및 전기 공급시설이 파괴된 상태에서 할 수 있는 것이라고는 위성을 통한 통신이었지만 그것마저도 잡음이 심해 원활하지 못했다.

원전 폭발을 막고 사태를 수습하기 위한 최선책은 발전소에 시급히 전기를 공급하는 일이었다. 사고대책본부는 자가발전기를 장착한 발전차를 후쿠시마 원전에 공급하기로 결정하고, 도쿄전력과 육상 자위대의 발전차를 즉시 제1원전으로 출동시켰다. 그러나 강진의 여파로 도로는 파괴되었고 정상적인 도로 역시 극심한 정체로 이동이 불가능했다. 육상 자위대와 일본 주둔 미 공군에 도움을 요청하여 최대한 신속히 발전차를 후쿠시마 제1원전까지 옮겨야 했으나 상황은 난제의 연속이었다.

사고 발생 10시간 후인 오후 11시에 측정한 1호기 건물의 방사능 수치는 일반인에게 허용된 연간 피폭 한도인 1mSv를 넘고 있었다. 다음 날 오전 1시에는 1호기 원자로 격납용기 압력이 설계상 최고압력인 427킬로파스칼kPa을 훨씬 뛰어넘는 것으로 나타나, 간 나오토 총리를 비롯한 내각 위기관리센터는 회의를 통해 원자로 내부 압력을 낮추는 작업인 '벤트'를 실시하기로 하고 도쿄전력에 통보했다. 벤트는 원자로 내부의 압력이 비정상적으로 높아질 경우에 대비한 비상 시스템으로 일부 밸브를 열어 압력을 낮추는 것이지만, 벤트를 실행하면 방사능 유출은 막을 수 없다. 방사능이 유출된다면 반경 수km의 주민은 피해를 볼 수밖에 없다. 일본 정부는 사고 발생 8시간 후인 9시경에 원전 반경 3km 주민에게 대피령을 내렸지만 다음 날 오전에는 벤트 실시의 위험성을 감안, 대피 범위를 10km로 확대했다.

3월 12일 오후 2시 벤트가 실시되었다. 벤트 실시와 함께 격납용기 내부 압력이 내려가기 시작했다. 그리고 벤트를 실시한 지 1시간 30분 뒤, 1호기는 엄청난 굉음을 내며 폭발했다. 폭발 당시는 알지 못했지만, 나중에 밝혀진 바로 그것은 수소폭발이었다. 파편이 사방으로 날아가고 작업 중이던 도쿄전력 직원과 하청업체 근로자 및 작업자들이 부상을 입었다. 곳곳에서 비명과 신음소리가 아우성쳤다. 그동안 발전차를 통한 전력 공급을 위해 시험작업을 하던 케이블이 다시 끊어지고, 소방차가 부서지고, 소방호스가 절단되는 등 모든 것이 깨지고 부서지며 엉망이 되어버렸다. 지진과 쓰나미 후 간신히 작업에 대한 진척이 있는 상황에서 폭발은 모든 것을 원점으로 돌려놓았고, 1호기의 폭발은 이후 이어질 연쇄폭발의 신호탄이었다.

후쿠시마 제1발전소 1호기 폭발은 언론을 통해 급속히 알려졌고, 일본을 비롯한 전 세계의 눈이 후쿠시마로 쏠렸다. 정부는 간 나오토 총리 주재로 긴급대책회의를 열고 원전 반경 10km였던 피난 범위를 20km로 확대했다. 그리고 기존의 담수淡水 냉각방식을 포기하고 해수海水 냉각방식을 결정했다. 처음부터 붕산수나 해수로 냉각을 시도했다면, 피해가 덜했을지 모르지만, 붕산수나 해수를 사용해 냉각한다는 것은 원전을 폐로한다는 것을 의미했다. 해수 주입은 3월 12일 오후 8시에 간 나오토 총리의 재가를 받아 전격 실시됐다.

1호기에 해수가 뿌려지는 가운데, 다음 날(3월 14일) 오전 5시를 조금 넘어 3호기의 냉각 기능 상실이 알려졌다. 벤트를 실시하면서 담수를 주입하고, 담수가 바닥나자 해수를 주입하며 계속 조치를 취했으나, 3호기는 지진 발생 3일 뒤인 3월 14일 오전 11시에 폭발했다. 그것도 1호기 폭발과는 다른 거대한 굉음과 함께 버섯구름을 만들며 검은 구름이 상공을 뒤덮었다. 3호기는 최악의 독극물로 분류되는 플루토늄 혼합연료 MOXMixed OXied(혼합산화물 연료)를 핵연료로 사용하는 발전소였다. 극미량으로도 사람을 죽일 수 있는 초고위험 방사능 물질이 아무 방해도 받지 않고 자유로이 바람을 타고 지구 곳곳으로 퍼져나가고 있었다.

그러나 그것이 끝이 아니었다. 2호기도 문제가 계속되고 있었다. 복구작업과 물 공급작업이 진행되었고, 많은 이들이 최악의 조건에서 현장을 지키며 사투를 벌였다. 그런 노력에도 불구하고, 3월 15일 오전, 2호기 수소폭발과 4호기 수소폭발이 이어지고, 폐 핵연료 저장고인 폐연료봉 냉각수조에서 화재가 발생했다. 4호기의 지붕이 부서지고, 화재로 인한 연기가 피어

오르고 있었다. 또다시 죽음의 물질이 공중으로 흩어졌다.

일본 경제산업성 원자력안전보안원은 후쿠시마 원전 사고를 조사하면서 초기에는 시설 내부의 위험사고에 해당하는 원전사고등급 4등급으로 지정했으나, 일본 정부와 도쿄전력의 대처 미흡으로 사태가 악화되자 대피권고 수준인 5등급으로 격상시켰다. 이후 일본 정부는 2011년 4월 12일 후쿠시마 제1원전 사고를, 대량의 방사능 물질의 외부 유출이 발생하고 광범위한 지역에 방사능 물질을 누출시켜 생태계에 엄청난 영향을 미치는 대재앙 수준의 사고로 판단, 체르노빌 원자력발전소 사고와 같은 대형사고Major Accident 등급인 7등급으로 격상시켜 발표했다. 7등급은 IAEA가 정한 원자력 사고등급 중 최고 위험 단계다. 또한 일본 원자력위원회는 10월 27일 후쿠시마 제1발전소 1~4호기를 폐로 종료하기까지 30년의 시간이 필요하다고 발표했다. 후쿠시마 원전을 완전 해체하기 위한 작업은 3단계로 나누어 진행해야 한다. 1단계는 사고 수습과 안정화 작업이고, 2단계는 원료를 빼내고 잔해를 회수하는 작업이며, 3단계는 폐기물 처리 및 보관을 완료하고 발전소 부지를 정상화하는 작업이다.

동일본 대지진으로 발생한 인명피해는 사망 및 실종자 2만852명, 피난민은 후쿠시마 현 15만4000명, 미야기 현 11만7000명, 이와테 현이 4만2000명이었다. 후쿠시마 제1원전 관

련 사고 사망자는 789명이고, 대지진 이후 규모 4.0 이상 여진
은 5000회를 넘었다. 인명 및 재산피해를 많이 발생시킨 원인
은 해안가에 있는 마을을 초토화시킨 쓰나미에 있지만, 후쿠
시마 제1원전 사고로 많은 주민이 피난 대열에 합류한 것도 큰
몫을 차지했다. 재산피해는 상상을 뛰어넘어 집계가 되지 않을
정도로 심각했다. 경제적 피해 추정액만 수조 엔에서 수십조
엔에 이를 것으로 보여, 일본 정부 1년 예산의 절반에 이른다
는 보고서도 있었다. 또한 모든 사고 수습이 완료된다 하더라
도 방사능에 대한 문제는 여전히 남아 있었다.

　제1원전의 폭발로 공기 중으로 흩어져간 방사성 물질이 바
람을 타고 전 세계로 퍼져나갔고, 원자로나 폐연료봉 냉각수조
의 온도를 낮추기 위해 뿌려진 막대한 양의 물은 방사성 물질
을 포함한 채 태평양 바다로 흘러 해류를 타고 전 세계로 퍼져
나갔다. 당장 일본의 오염 실태를 보면, 원전 부지 및 주변에서
플루토늄을 비롯한 요오드와 세슘, 코발트, 지르코늄, 바륨 등
다양한 방사성 물질이 검출되었고, 원전 인근 바닷물에서는 법
적 기준치의 4000배가 넘는 요오드가 검출되었다. 1호기 터빈
실에서 검출된 요오드는 기준치의 1만 배가 넘었고, 원전에서
40km 떨어진 농지에서는 방사능 수치가 기준치의 150배로 측
정됐다. 이렇게 토양이 오염되다 보니 후쿠시마에서 재배한 시
금치 등 각종 채소에서 세슘이 kg당 2만Bq 넘게 나왔고, 주변

바다에서 잡힌 물고기에서 세슘과 요오드가 대량으로 검출됐다. 일본 국내 상황이 가장 심각했지만, 바람을 타고 전 세계로 퍼져나간 방사능 물질도 심각한 우려를 낳았다. 미국 15개 지역에서 방사성 물질이 검출되었고, 러시아 블라디보스토크에서도 요오드가 미량으로 검출되었다. 중국 12개 지역에서도 방사성 물질이 검출되었고, 한국도 대기 중에서 제논, 방사성 요오드, 세슘이 검출되었다. 결국 일본발 방사능 오염은 전 해류와 바람을 타고 전 세계 곳곳을 오염시키는 결과를 낳았다.

일본 내 후쿠시마 주민들의 건강은 어떨까? 사고 후 7개월이 흐른 2011년 10월, 실제 후쿠시마에 거주하던 아동들의 갑상선을 조사한 결과 갑상선 기능 저하가 위험수준으로 나왔다. 일반적으로 갑상선 기능 저하증은 다른 요인도 많지만 방사선 치료를 받거나 방사능에 많이 노출되는 경우 나타나는 증상이다. 정부는 이 결과를 기초로 18세까지의 아동에 대한 정기적인 검사를 평생 실시하겠다고 밝혔다. 검사 대상 아동은 36만 명에 이르는데 정기검사를 받기 위해 얼마나 많은 시간을 기다려야 하는지 모른다. 부모들은 불안감을 감추지 못하고 답답함을 토로하지만, 현실은 암울하고 의료기술이 획기적으로 발전하지 않는 한 당장은 답이 없다. 수많은 아이들의 건강을 장담할 수 있는 것은 아무것도 없다. 늘 불안한 가운데 평생을 살아가야 할 뿐이다.

사고 이후 7년… 참사는 진행형

2018년 현재 동일본 대지진과 후쿠시마 원전 사고가 난 지 7년이 지났다. 자신이 살던 정든 집으로 돌아가지 못하고 아직도 피난 생활을 이어가고 있는 이들은 전국적으로 17만여 명에 달한다. 일본 정부는 피난 생활을 하고 있는 이들을 위해 각종 대책을 내놓고 있다. 일본 정부가 피난민 최소화 정책을 서두르는 이유는 2020년 열리는 도쿄 올림픽 때문이기도 하다. 도쿄올림픽의 성공을 위해서는 원전 사고의 기억을 말끔히 지울 필요가 있다. 세계인의 축제에 방사능에 대한 공포로 선수들이 참여하지 않는다면 일본 정부로서는 낭패가 아닐 수 없다. 그 때문에 정부는 정신적 배상이나 주택 공급을 통해 피난민 수를 최소화하여, 일본이 후쿠시마 원전 사태를 완전히 극복했고 방사능으로부터 안전하다는 것을 전 세계에 알리고자 한다. 그 일환으로 그동안 도쿄전력은 소송을 거쳐 피해자들과의 합의금으로 약 248억 엔을 지급하기로 했고, 일본 정부는 원자력손해배상법에 따라 1200억 엔을 지급하기로 했다.

후쿠시마 원전의 멜트다운된 노심은 1~3호기 원자로에 1500개가 있고 핵연료 저장수조에도 3100개가 있다. 이 많은 핵연료와 폐연료봉은 아직도 빼내지 못하고 있다. 앞에서 얘기했듯이 후쿠시마 제1원전의 폐로작업은 2042년까지 최대 30

년이 걸린다. 그러나 폐로까지 가는 데는 많은 난관이 있어, 30년이라는 기간도 계획일 뿐이다. 전문가들은 그보다 더 많은 시간이 걸릴 것으로 보고 있다. 물론 시간이 흐르면서 기술개발이 이루어진다면 상황은 달라질 수 있지만, 지금의 기술로는 계획은 계획일 뿐이라는 것이다. 폐로 공정의 최대난관은 녹아내린 핵연료를 꺼내는 것이다. 멜트다운된 핵연료를 꺼내는 작업은 3호기를 시작으로 차근차근 진행할 계획이라고 도쿄전력은 밝혔다. 핵연료만큼 중요한 문제는 원전 바닥에 고여 있는 오염수다. 알려진 바로는 핵연료 냉각을 위해 뿌린 물이 일정 부분 바다로 흘러갔지만, 남아 있는 오염수도 80만t에 이른다. 고농도 오염수를 어떻게 처리할 것인지는 구체적 안이 없는 실정이다.

후쿠시마 원전 사고는 '원전 마피아'라 불리는 도쿄전력의 소극적 대처와 정부의 무능, 그리고 원전을 운전하고 조작하는 관리자 및 운전원들의 실수가 겹친 전형적인 인재人災였고, 그것은 안정화까지 향후 30년간은 진행형이다.

원전정책에 대한 일본의 선택

후쿠시마 원전 사고 이후 일본 국민의 원전에 대한 여론은 '혐오' 수준까지 떨어졌다. 여론조사 결과 국민의 74%가 원전 가동을 원치 않았고, 심지어는 원전이 없어짐으로 인해 감당해야 하는 전력난이라면 긍정적으로 받아들이겠다는 여론이 강했다. 2012년 5월 일본 도쿄 도심에서는 시민단체와 후쿠시마 원전 사고 피해자들을 포함한 수천 명의 시민들이 거리로 나와 탈원전 시위를 벌였다. 일본 정부는 이러한 국민여론을 의식해 자국 내 가동 중인 모든 원전에 대한 안전점검을 실시했다. 당시 일본에서는 일본 내에 있는 모든 원전의 가동을 중지하라는 여론이 지배적이었다. 정부를 비롯해 원전을 운영하는 전력회사와 원전 관련 업체 및 기관은 원전 가동이 계속되어야 하는 경제적 이유와 원전 가동 중단 시 생길 문제점을 거론하며 여론전을 펼치는 한편, 강화된 안전점검을 통과한 일부 원전은 가동을 진행하고 있다. 일본 정부도 국민 눈높이에 맞추는 노력의 일환으로 법령을 개정하고 노후시설을 개보수하는 한편, 안전시설을 대폭 강화해 안전한 원전으로 탈바꿈했다며 국민을 설득하고 있다.

그러면서 일본 정부는 국민여론과는 반대로 원자력발전소를 계속 유지하는 쪽으로 가닥을 잡고 있다. 일본 경제산업성은 2030년까지 일본 내 전력 생산량의 20% 이상을 원전에서 충당한다는 계획이다. 더구나 재생에너지에 대한 투자는 기존과 비슷한 22~24%선을 유지하고 있어, 대대적인 투자보다는 점진적인 투자에 목표를 두고 있다. 일본 정부의 이러한 원전 유지 정책과 재생에너지에 대한 미온적 태도는 자국 내 경제와 관련이 크다. '잃어버린 20년' 후 아베노믹스(2012년 양적완화, 재정지출, 공격적 성장전략 등 '세 개의 화살'로 대변되는 아베 총리의 경제정책)로 성장가도를 달리고 있는 일본 경제를 다시 도약의 발판 위로 확고히 올려놓으려면, 강력한 성장동력이 될 만한 신성장 산업 육성이 필요한 실정이다. 그러나 일본 입장에서 태양광발전이나 풍력발전은 이미 산업 자체가 포화 상태이고, 경쟁이 치열해 메리트가 없다. 이와는 반대로 원자력발전은 온실가스 저감 목표 달성과 자국 내 산업에 미치는 영향이 크고, 수출에 적지 않은 기여를 하고 있다. 때문에 원전단체와 관련 산업 종사자 및 유관기관은 원전 확대 정책에 적극 찬성하고 있다. 다만 후쿠시마 원전 사고 이후 기존의 원전 확대 정책에서 국민여론을 감안해 일본 정부가 다소 보수적으로 접근하고 있는 것은 긍정적이다. 일본 정부는 원자력발전의 문제점을 보완하는 대안으로 신성장동력과 고용유발효과가 큰 수소발전소를 추진하고 있다. 세계 최초의 수소발전소를 고베에서 시범운영하고 있으며, 친환경에너지 설비라는 것을 강조하고 있다.

일본은 탈원전을 원하는 국민의 들끓는 여론을 적극 수용하지 않고, 전력난과 경제성장 및 대체에너지원 개발에 시간이 필요하다는 출구전략을 사용하며 '원전과의 불안한 동거'를 선택한 것이다. 원전 사고로 인해 고향을 잃어버린 후쿠시마 난민과 평생을 불안 속에 건강검진을 받아야 하는 피해 어린이들의 고통은 여전하다. 그리고 막대한 양의 치명적인 죽음의 재를 전 세계 하늘로 흩뿌리고, 돌이킬 수 없는 상황으로 해양과 토양을 오염시켰던 초대형 재앙 후쿠시마 원전 사고는 일본 정부의 미온적 태도로 인해 사고의 크기에 비해 너무나도 '작은 교훈'으로 흐지부지 끝나는 건 아닌지 우려스럽다. 제2의 후쿠시마 원전 사태가 다시 일본에서 일어난다면, 그때 일본 정부와 원전 마피아는 지금의 선택에 대해 어떻게 설명할까? 인류에게 대재앙이 될 '비극의 씨앗'을 다음 세대에게 꼭 물려주어야 하는지 묻고 싶다.

우리의 숙제,
탈원전은
가능할까?

어느새 서른 살이 넘은
원자력발전소

우리나라는 1958년 공표된 원자력법을 기반으로 원자력발전을 도입했다. 우리나라 원자력발전소의 설비용량은 총 21,716 MW(한국원자력문화재단, 2015. 11 기준)로 미국, 프랑스, 일본, 러시아, 독일에 이어 세계 6위에 해당하는 규모다. 원전을 운용하는 공기업인 한국수력원자력(한수원)은 한국 전체 전력의 31.5%를 생산하는 우리나라 최대의 발전 회사다(한국수력원자력).

고리 원자력발전소 1호기는 1978년 4월 29일에 첫 상업운전을 개시하여 2017년 6월 19일까지 39년간 가동된 최고령 원자력발전소였다. 이어서 월성 1호기는 1983년 4월 22일 상업운전을 개시하여 35년이 되었다. 2018년 기준, 30년 이상 운전

한국 원자력발전소 상업운전 개시시점

순번	구분	상업운전 개시	운전기간 (단위:년. 2018년 기준, 달 수 생략)	설비용량(kw)
1	고리 1호기	1978년 04월 29일	39(2017년 가동 중단)	58만7천
2	월성 1호기	1983년 04월 22일	35	67만9천
3	고리 2호기	1983년 07월 25일	35	65만
4	고리 3호기	1985년 09월 30일	33	95만
5	고리 4호기	1986년 04월 29일	32	95만
6	한빛 1호기	1986년 08월 25일	32	95만
7	한빛 2호기	1987년 06월 10일	31	95만
8	한울 1호기	1988년 09월 19일	30	95만
9	한울 2호기	1989년 09월 30일	29	95만
10	한빛 3호기	1995년 03월 31일	23	100만
11	한빛 4호기	1996년 01월 01일	22	100만
12	월성 2호기	1997년 07월 01일	21	70만
13	월성 3호기	1998년 07월 01일	20	70만
14	한울 3호기	1998년 08월 11일	20	100만
15	월성 4호기	1999년 10월 01일	19	70만
16	한울 4호기	1999년 12월 31일	19	100만
17	한빛 5호기	2002년 05월 21일	16	100만
18	한빛 6호기	2002년 12월 24일	16	100만
19	한울 5호기	2005년 07월 29일	13	100만
20	한울 6호기	2005년 04월 22일	13	100만
21	신고리 1호기	2011년 02월 28일	7	100만
22	신고리 2호기	2012년 07월 20일	6	100만
23	신월성 1호기	2012년 07월 31일	6	100만
24	신월성 2호기	2015년 07월 24일	3	100만
25	신고리 3호기(건설 중)	2016년 12월 20일	2	140만
26	신고리 4호기(건설 중)			140만
27	신한울 1호기(건설 중)			140만
28	신한울 2호기(건설 중)			140만
29	신고리 5호기(건설 중)			140만
30	신고리 6호기(건설 중)			140만
31	신한울 3호기(건설 예정)			140만
32	신한울 4호기(건설 예정)			140만
원전의 평균 운전 기간			19.92	

한국수력원자력

되고 있는 원자로는 총 7곳이나 된다.* 서른 살을 넘겨버린 원자력발전소의 안전은 과연 괜찮은 것일까?

우리나라의 원전들, 정말 이대로 괜찮을까?

우리나라 최초의 원자력발전소는 1978년 미국의 웨스팅하우스가 지은 고리 1호기이다. 2017년 당시 39년이 된 고리 1호기에서는 무려 131건의 사고(1978. 4. 29〔상업운전 개시〕~2017. 6. 19〔운전 만료〕 집계)가 발생했다(원전안전운영정보시스템OPIS, http://opis.kins.re.kr/). 특히 2011년 4월에는 전원 접속부 접촉 불량으로 인한 전원 공급 계통 장치(인입 차단기)에 고장이 발생하여 원자로 가동이 중단되었고, 이는 노후 원전에 대한 국민들의 걱정을 키웠다. 동일본 대지진과 후쿠시마 원전 사태가 발생한 해였기 때문에 노후 원전의 안전점검에 대한 사회적 요구가 점점 커지기도 했다.

원자력발전소의 설계 수명은 30년이다. 따라서 1978년 4월 운전을 시작한 고리 원전 1호기의 30년 수명이 종료되는 시점

---

* 39년 동안 가동되다가 영구정지된 고리 1호기는 제외.

은 2007년이었다. 하지만 한국원자력안전기술원KINS은 국제 기준(2007년 IAEA의 '주기적 안전성 평가' 기준 및 미국의 '운영 허가 갱신' 기준)에 준거하여 안전성을 심사한 결과 고리 원전이 안전하며, 향후 10년간 건전성을 유지할 수 있다는 결론을 발표했다. 그에 따라 정부는 고리 원전 1호기의 10년 연장 운전(2008년 1월 17일부터 2017년 6월 18일까지)을 허가했다.

부산 YWCA 등 시민단체에서는 정부의 고리 원전 1호기 허가 근거에 문제점이 많다며 고리 원전의 수명 연장을 반대하는 목소리를 높였다. 정부에서는 국회 예산정책처의 경제성 분석 결과를 토대로 고리 원전 1호기의 수명을 연장시키면 경제적인 이익이 따를 것이라고 주장했다. 하지만 시민단체의 의견은 달랐다. 오히려 수명을 연장함으로써 사후처리비용이 상승하고 이용률은 저하될 것이며, 판매 단가 하락 등으로 3397억 원의 손실이 발생할 것으로 예측되므로, 정부가 주장하는 '경제성을 위한 수명 연장론은 허구'라는 것이었다.

시민단체가 단순히 경제성이 떨어진다는 이유만으로 원전의 수명 연장을 반대한 것은 아니었다. 시민단체가 주장하는 반대 목소리의 핵심은 '원전 사고로부터의 시민의 안전성 확보' 문제였다. 고리 원전 1호기는 재운용 승인 당시에도 핵심인 원자로 압력 용기의 안전문제가 심각하다는 지적을 받아왔다. 비상디젤발전기 고장, 차단기 고장 등 국내 원전 중 고장으로 인한 정지 횟수가 가장 많았기에 안전성에 의문을 제기하는 목소리가 높아진 것이었다.

특히 10년 수명 연장을 위해 560억 원을 들여 부품 교체를 했음에도 불구하고, 2013년에 터빈 계통 고장으로 원자로 가동을 6개월간 멈추고 정비를 하는 일이 발생하면서 원전 안전에 대한 시민들의 불안감이 고조되었다. 시민단체들은 노후화된 원전의 재연장 운용 승인 자체가 무리한 결정이었다고 한목소리를 냈다.

결국 산업통상자원부(산업부)의 결정에 의해 2017년 6월 19일 0시, 우리나라에서 가장 오래된 고리 원전 1호기는 39년간 (1978년 4월~2017년 6월)의 가동을 멈추고 영구정지되었다.

원전에 대한 국민의 불신이 커진 이유는 무엇일까? 그에 대한 답은 여러 가지가 있겠지만 2012년 2월 고리 원전 1호기 완전 정전 은폐 사건, 원전의 빈번한 정지 및 고장, 원전 부품 납품 과정에서의 비리 및 증명서 위조사건 발생 등으로 압축할 수 있다.

고리 원전 1호기 완전 정전 은폐 사건

고리 원전에서는 2012년 2월 9일, 12분 동안 '완전 정전' 상태인 블랙아웃black out 사고가 발생했다. 외부 전원이 차단되면

10초 이내에 비상디젤발전기가 자동으로 작동해야 하는데 정상적으로 작동하지 않아 원자핵 붕괴 잔열 제거장치도 가동되지 않았다. 이로 인해 냉각수와 사용후핵연료의 온도가 상승했는데 전원 공급이 장시간 이뤄지지 않았다면 자칫 큰 사고로 이어질 뻔했다. 2011년 3월 후쿠시마 원전 사고도 원자로 사고처럼 노심용융현상melt down(원자로 온도가 상승하여 노심이 녹아내리는 현상)이 발생할 수도 있었기에 아찔한 순간이 아닐 수 없었다.

사고보다 더 심각한 문제는 한 달 동안 정전 사고를 국민들에게 은폐했다는 것이다. 때문에 고리 원전 1호기 사고는 국내 노후 원전에 대한 안전성 논란을 일으켜 시민단체, 환경단체 등에서 원전 폐쇄를 요구하는 목소리를 높이는 계기가 되었다. 부산지방변호사회에서는 원전 가동 중지 가처분 신청을 냈으며, 경상남도 의회 의원 28명은 〈고리 원전 1호기 완전 폐쇄 촉구 결의안〉을 제출하기도 했다.

노후 원전의 안전성이 입증되지 않은 상황에서 심각한 사태로 커질 수도 있었던 사고가 은폐되는 일이 발생하다 보니 원전 가동 중지 및 탈원전을 요구하는 국민의 요구가 점점 거세질 수밖에 없었다.

국내 원전의 빈번한 정지 및 고장

2017년 6월 19일 0시, 국내 첫 원자력발전소 고리 원전 1호기는 영구정지 상태가 되었다. 문재인 대통령은 대선 당시 '원전 중심의 발전정책을 폐기하고, 탈핵시대로 가겠다'는 공약을 내세웠고, 고리 1호기 퇴역식 기념사에서도 탈원전정책을 공식화했다. 또한 정부는 원자력안전위원회의 대통령직속위원회 승격, 신규 원전 건설계획 전면 백지화, 월성 1호기 폐쇄 등 구체적 실행계획을 발표하며 우리 사회를 탈원전사회의 궤도에 진입시켰다.

하지만 우리 사회가 해결해야 하는 '탈원전'의 길은 멀기만 하다. 원전 사고는 고리 원전만의 문제가 아니기 때문이다. 안타깝게도 고리 원전 1호기에서뿐만 아니라 다른 원전에서도 크고 작은 사고들이 빈번하게 발생해왔다(원전안전운영정보시스템 OPIS, http://opis.kins.re.kr/)에서는 국내 원전에서 발생하는 사고 및 고장 현황을 시설별 / 계통별 / 원인별 / 연도별로 분류하여 누구나 열람할 수 있도록 정보를 공개하고 있다).

원전 사고의 원인은 다양하다. 1978년부터 2018년까지의 원인별 원전 사고 현황 누적 통계에 따르면 (총 사고 누적 건수 737건 중) 계측 결함으로 인한 사고가 29.2%(215건), 기계 결함으로 인한 사고가 26.6%(196건)로 가장 많은 비중을 차지했다. 그 다음으로는 인적 실수로 인한 사고가 18.2%(134건), 전기 결함으로 인한 사고가 17.9%(132건)를 차지했다.

몇몇 큰 사고의 예를 보면, 1983년 가동을 시작한 월성 원자력발전소에서는 가동 시작 이후 1년도 채 지나지 않은 1984년에 23t의 중수가 유출되었고, 1988년의 유출 사고로 인해 원자로가 3일 동안 멈춘 일도 있었다. 또한 2014년에는 고리 2호기와 월성 1호기 관련 내부문서 및 원전에서 사용하는 프로그램 매뉴얼이 네 차례 해킹당한 사건이 발생했다.

2015년 5월 14일에는 월성 4호기에서 사용후핵연료봉이 낙하하는 사고가 발생했다. 월성 4호기의 사용후핵연료 수중 저장조에서 연료봉을 건식 저장용기로 옮기던 중 핵연료 다발에서 연료봉 1개가 분리되어 수조 바닥의 낙하 방지용 그물망에 떨어진 것이다. 월성 원자력 본부는 육안으로 점검한 결과 떨어진 연료봉에서 손상이나 변형은 없었으며, 사용후핵연료 수중 저장고에서 사고가 발생해 방사선 외부 누출은 발생하지 않았다고 밝혔다.

원전 사고의 원인은 예측 불가능한 경우도 있다. 예를 들면 2001년에 냉각용 해수 흡입구가 막혀 원전이 멈춘 사고가 그렇다. 배출수의 따뜻한 온도 때문에 떠밀려온 해파리떼, 새우떼가 냉각용 해수 흡입구를 막아 가동을 중단하거나 발전량을 줄이는 경우가 2001년에만 5회 발생했다.

2016년에는 외부 영향으로인한 사고가 8회(2016년 전체 사고 23건 중 34.8%) 발생했는데, 그중 6회는 경주 인근 지역 지진 발생으로 인한 원전 수동 정지 사고였다. 이처럼 원전 사고의 원인 중에는 낙뢰, 태풍, 지진 등 인간의 힘으로 막을 수 없는 자연적인 현상도 포함된다.

원전을 운용하는 과정에서 크고 작은 사고·고장이 아예 단 1건도 발생하지 않도록 하는 것은 불가능할 것이다. 하지만 '인적 실수'로 인한 원전 사고를 가능한 한 최소화해야 원전에 대한 국민의 불안감을 해소시킬 수 있을 것이다.

1978년부터 2018년까지의 원전 사고 원인별 현황 누적 통계 중 인적 실수에 인한 사고가 18.2%(134건)를 차지한다. 2005년에는 총 6건의 인적 실수에 의한 사고가 발생했는데, 그중 운전 미숙에 의한 사고가 2건(한빛 6호기-2005년 7월 2일, 고리 1호기-2005년 4월 16일)이었으며, 인적 실수 또는 작업자 실수에 의한 사고도 2건(한울 6호기-2005년 6월 29일, 고리 1호기-2005년 4월 29일)이었다.

전체 사고 100% 중 인적 실수에 의한 사고 비중인 18.2%는 비교적 높지 않은 수치라고 볼 수도 있으나, 사람에 의한 실수가 재발되지 않도록, 그리고 사고가 발생한다고 하더라도 더 큰 사고로 확산되지 않도록 미리 대비해야 할 것이다. 현재 우리나라의 원전은 원자로 정지를 포함한 사고·고장 대응체계

국내 원자력발전소 사고 현황

순번	호기	일시	사건 내용	고장계통	사고원인
1	월성 2호기	2004.9.14	중수 누출 사고		인적
2	고리 1호기	2004.9.10	주급수제어기 고장에 따른 증기발생기 고수위에 의한 터빈 및 원자로 정지	2차	계측
3	울진 4호기	2004.7.26	제어봉집합체연산기 전원공급기 고장으로 인한 원자로 정지	1차	인적
4	영광 5호기	2004.7.13	제어용 전원 상실에 따른 증기발생기 고수위에 의한 원자로 정지 및 주증기 격리 신호 발생	2차	전기
5	영광 2호기	2004.7.11	고압터빈 후단 배관 누설에 따른 출력감발 중 주급수 계통 과도현상에 의한 원자로 정지	2차	인적
6	월성 1호기	2004.6.30	원자로 감속재 저수위 신호에 의한 단계출력감발 및 원자로 미임계 진입	1차	인적
7	울진 5호기	2004.6.29	발전소 제어계통 오동작에 의한 원자로 정지 (시운전)	2차	계측
8	울진 5호기	2004.6.24	주급수승압펌프 정지에 의한 원자로 정지(시운전)	2차	인적
9	월성 2호기	2004.6.19	소외전원 상실에 따른 예비디젤발전기가동	2차	인적
10	월성 2호기	2004.6.18	결함연료탐지계통 누설 보수를 위한 원자로 수동정지	1차	기계
11	울진 2호기	2004.6.13	노외핵계측계통 계수보정 시험 중 계측기 캐비닛 개방 지시등 교체 부적절에 의한 원자로제어봉 낙하	1차	인적
12	월성 3호기	2004.5.25	결함연료탐지계통 누설 보수를 위한 원자로 수동정지	1차	기계
13	영광 4호기	2004.5.12	증기우회제어계통 운전모드 미전환에 의한 원자로 정지	2차	인적
14	고리 3호기	2004.2.28	발전기 수소 누설부위 보수를 위한 원자로 수동정지	2차	기계
15	울진 5호기	2004.2.20	원자로 출력 80% 부하상실시험 중 원자로 정지 (시운전)	2차	계측
16	울진 5호기	2004.1.04	주급수 출구밸브 비정상 닫힘에 의한 원자로 정지 (시운전)	2차	계측

원자력안전정보공개센터

매뉴얼을 갖추고 있고, 사고·고장 발생 시 원전 운영자에 의해 신속히 사건 내용이 한국원자력안전기술원과 원자력안전위원회에 보고되고 있다. 또한 필요 시 언론 및 인터넷에 사건 내용을 공개한다. 원자력안전위원회에는 원전 운영자로 하여금 유사 사건이 재발되지 않도록 후속조치 이행을 요구했다. 또한 정부는 원전의 안전기준을 대폭 강화하여 한수원에 2019년 6월까지 모든 원전에 대한 설계기준 사고, 중대사고, 사고 관리 계획서를 제출하도록 했다.

2013년 원전 비리 사건

2013년, 한국수력원자력 직원이 원전부품 납품 비리와 관련하여 검찰에 적발되어 구속된 사건이 발생했다. 원자력발전소에 필요한 부품을 납품하는 과정에서 기준에 미치지 못하는 부품의 시험 성적서가 조작되어 수년 동안 원전에 불량부품을 사용한 것이 드러난 것이다.

방사능 위험 때문에 원자력발전소의 안전관리는 매우 중요하다. 국민의 생명과 직결되는 일이기 때문에, 원전을 관리하는 과정은 모두 투명해야 하며 그 어떤 비리도 용납되지 않는다. 하지만 이 사건은 부품을 제조하는 업체(JS전선)뿐 아니라 검증기관(새한티이피), 승인기관(한국전력기술)까지 모두 불량부품 납품비리에 가담한 것으로 드러나 국민들의 충격이 매우 컸다. 이에 국민의 생명 및 안전한 삶과 직결된 원전의 안전관리에 큰 구멍이 있었음을 보여준 사건으로 기록됐다.

불량부품의 교체를 위한 안전상의 문제로 2013년에는 23기의 원자로 가운데 15기만이 가동되어야 했다. 이 과정에서 전력대란이 발생했으며, 여름철에 냉방장치를 가동하지 못하는 피해도 국민들이 감수해야 했다. 또한 그사이 생산하지 못한 전기를 다른 발전소에서 생산해야 했는데, 그로 인한 피해 금액만 약 9조9500억 원에 달했다. 국민의 생명과 안전이 위협받았을 뿐만 아니라 세금까지 줄줄 새고 있었기에 원전 운영에 대한 국민의 불신이 더욱 높아졌다.

원자력발전소에서 발생할 수 있는 사고의 유형은 다양하다. 노후화가 진행되어 사고가 나기도 하고(후쿠시마의 10개 발전소 중 오래된 순으로 4곳이 폭발), 단순 노무자의 조작 실수(스리마일), 과학자들의 실수(체르노빌), 자연재해(후쿠시마), 기계적인 오류 또는 결함으로 사고가 발생하기도 한다. 심지어 해파리떼와 새우떼가 냉각용 해수 흡입구를 막아서 사고가 발생하는 등 예기치 못한 가능성까지 원전의 안전을 항상 위협하고 있다. 특히 동일본 대지진 당시 발생한 쓰나미에 의해 생긴 후쿠시마 원전 사고를 통해 자연재해가 돌이킬 수 없는 파괴력의 원전 사고를 불러일으킨다는 것을 알 수 있다. 그렇다면 과연 우리의 원전은 안전한 것일까?

원전의 안전을 걱정하는 우리 국민들은 2011년 동일본 대지진으로 인한 후쿠시마 원전 사고를 눈여겨볼 수밖에 없다. 후쿠시마 원전 1호기는 1971년 2월에 가동이 시작된 이후, 일본 정부에 의해 고리 원전 1호기처럼 수명이 10년 연장되어 가동되었다. 그러던 중 지진이 발생하여 사고가 발생한 것이다. 물론 후쿠시마 원전보다 한국의 고리 원전이 더 안전한 구조라고 주장하는 이들도 있다. 고리 원전은 지진 발생으로 폭발했던 후쿠시마 원전과 달리, 전원이 차단되어도 수소를 제어할 수 있는 안전장치가 추가로 설치되어 있다고 한다.

하지만 그 어떤 위험한 상황 속에서도 원전은 안전하다고 단정지을 수 있을까? 현재 신고리 3호기를 제외한 모든 원전은 규모 6.5까지의 지진은 견딜 수 있도록 내진설계가 적용되었다. 또한 2017년, 정부는 규모 7.0의 지진을 견딜 수 있도록 2018년 6월까지 기존의 모든 원전 및 향후 건설 예정인 신규 원전의 내진 성능을 보강하겠다고 밝혔다. 하지만 한반도에 대지진이 일어날 가능성을 아예 배제할 수 없다고 전문가들이 조심스럽게 언급하는 지금, 원전 안전에 관한 전반적인 관리가 과연 잘되고 있는 것인지 의구심을 떨쳐내기 어렵다. 대한민국 국민들은 원전 사고에 대한 불안함을 감추지 못한 채, 애써 불안함을 누르며 오늘의 일상을 보내고 있다.

1992년 도쿄에서 열린 한 특강에서 다카기 진자부로(도쿄대학교에서 원자핵화학을 전공한 대표적인 반핵 과학자)는 다음과 같은 발언을 했다.

원자력발전소에서 나오는 빨간불을 끌 수 있는 기술은 현재까지 없습니다. 또한 고준위 폐기물을 완벽하게 처리할 수 있는 방법은 세계 어디에도 존재하지 않습니다. 현재까지는요. 앞으로도 못 할 것입니다. 결국 지구에는 수명이 매우 긴 방사능만 남게 되겠지요. 100만 년이 지난 후에도 10명의 생명을 앗아갈 수 있는 방사능이 남아 있을 것이라는 사실은 매우 끔찍하지 않습니까? 원자력발전소로 인해 끌 수 없는 불, 방사능은 계속 지구에 남아 있게 됩니다. 인간은 새로운 에너지 기술을 만든 것이 아니라 빵점짜리 기술을 만든 것입니다. 끄고 싶을 때 끌 수 없는 불. 원자력은 켜고 싶을 때는 켤 수 있지만 끌 수는 없는 불인 셈이죠. 완전한 기술이 아니라 인간이 의존해서는 안 되는 기술입니다.

원자력발전소가 위험한 이유 중 제일 심각한 것은 무엇일까? 노후한 시설? 방사성 폐기물? 기계적인 오류? 사람의 조작 실수? 해파리떼? 자연재해? 이 모든 것들은 근본적인 원인이라고 할 수 없다. 바로 우리, '인간'이 원자력발전소에 가장 위험한 위협을 가하는 존재다. 수명이 다한 원전의 수명을 연장하려고 제도를 손질해 눈속임을 하고, 알면서도 모르는 척 은폐하는 인간의 이기적인 행태들이 원자력발전소를 너무나도 아슬아슬하게 가동시키고 있는 것은 아닐까?

게다가 인간은 너무도 쉽게 원자력의 위험성에 대해 '잊고, 포기하고, 회피하고, 합리화하고' 있다. 1986년 체르노빌 사고 직후 세계는 원자력발전소 건설을 포기하는 분위기였다. 하지만 지금도 한쪽에서는 원자력발전소가 온실가스 감축을 위한 가장 합리적인 에너지라는 주장이 받아들여지는 것을 보면, 우리가 원전의 위험성을 해결하기 위한 노력을 '포기하고, 잊고, 합리화하며' 살고 있는 것은 아닌지 되짚어봐야 할 것이다.

우리 모두의 숙제, '탈원전'의 길은 가능할까?

핵 전문가인 서울대학교 서균렬 교수는 우리 사회의 핵문제에 대해서 이렇게 밝혔다.

일본 후쿠시마 사고로 많은 사람들은 삶의 터전을 떠나야 했고, 떠나지 못한 사람들은 두려움 속에서 하루하루 살고 있다. 우리나라는 세계에서 핵발전소 밀도가 가장 높으면서도, 여전히 핵발전소를 추가로 건설하려고 한다. 핵이 있는 한 핵으로부터 안전한 삶은 불가능하다. '핵 없는 사회'는 우리는 물론이고 지구 반대편 사람들의 행복, 전 세계 사람들의 삶을 안전하게 지켜줄 수 있을 것이다. 다만 우리의 삶은 전기 없이 이루어지지 않고, 전기가 없는 생활은 상상할 수 없기에 전기를 만드는 방법은 선택할 수 있음을 잊지 말아야 한다. 깨어 있는 시민으로서 우리 모두는 핵 없는 사회를 위한 실천행동을 해야 한다.

원자력발전소의 안전성 문제 앞에 우리가 할 수 있는 것은 그저 걱정하고 지켜보는 것밖에 없을까? 서균렬 교수는 '시민으로서 핵 없는 사회를 위한 행동 실천하기'는 작지만 매우 중요한 우리의 임무임을 잊어서는 안 된다고 강조한다.

원자력발전소는 건설 과정 및 전력 생산 단계에서 이산화탄소를 거의 발생시키지 않으므로 '깨끗하다'고 주장하는 이들도 있다. 하지만 화석연료에 비해 덜할 뿐 원자력발전소 역시 자연 에너지와 비슷한 수준의 이산화탄소를 발생시키므로 이산화탄소가 전혀 발생하지 않는 것은 아니다(1kWh당 이산화탄소 발생량: 풍력:23g, 원자력:32g, 수력:40g).

오히려 원자력발전소는 핵폐기물 처리문제 및 방사성 물질로 인한 환경파괴의 위험성으로부터 자유롭지 못하다. 세계 신재생에너지 회의World council for renewable energe에서는 신재생에너지를 다음과 같이 정의했다.

신재생에너지란 지속 가능한sustainable 에너지다. 에너지를 생산하는 과정에서 자연을 훼손시키면 안 되며, 비화석연료, 비핵물질로 만들어지는 에너지가 신재생에너지다.

이런 측면에서 원자력발전소는 에너지를 생산하는 과정에서 핵폐기물이 발생하며, 자연에 심각한 피해를 줄 수 있기에 '지속 가능한 에너지'가 아닌 것이다.

깨끗하지만 위험한 원자력발전소의 양면성으로부터 핵 사고를 방지할 수 있는 방법은 무엇일까? 너무 단순한 답변이지만 바로 '탈원전'이 유일한 방법이 아닐까? 물론 탈원전은 현실적으로 하루아침에 이뤄질 수 없다.

에너지 생산을 원자력발전소에만 의존하지 않기 위한 구체적인 방안에는 무엇이 있을까? 첫째, 자연을 훼손시키지 않는 신재생에너지원을 개발해야 한다. 둘째, 신재생에너지를 적극적으로 이용할 수 있도록 돕는 정책이 뒷받침되어야 한다. 정부에서는 원자력발전에만 의존하지 않도록 풍력, 태양광 등의 청정에너지를 확대하여 신재생에너지 발전량 비율을 2030년 20%까지 점차적으로 확대할 계획이라고 밝혔다. 더불어 원전 감축으로 인해 불가피하게 발생하는 기업 및 지역 주민의 피해는 정부 차원에서 보상하겠다고 발표했으니 탈원전사회로 진입하는 시점은 점차적으로 속도를 낼 수 있을 것으로 예상된다. 셋째, 전 지구적으로 1인당 에너지 소비를 줄이는 노력을 해야 한다. 그동안은 에너지 수요가 증가할 것을 미리 정부에서 전망한 후, 그에 따라 원자력발전량을 확대하는 전략을 추진해왔다. 하지만 원전에 대한 위험성이 지속적으로 대두되고 있는 현시점에서 원전 건설을 끊임없이 늘리는 것은 본질적인 원전 문제의 해결책이 되지 않는다. 김익중 교수(경주환경운동연합 연구위원장, 동국대 의대 교수)는 탈원전의 가장 큰 적이 되는 요소를 '수요 관리 실패'로 꼽았다. 탈원전을 위한 보다 본질적이고 장기적인 대책으로서 1인당 에너지 수요를 줄일 수 있는 방안을 사회적으로 모색하고 고민하는 행동의 실천이 매우 절실하게 요구된다.

탈원전을 선언하는
국가들

김익중 교수에 따르면, 원전 사고는 각 나라의 원자력발전소 숫자에 비례한다. 원자력발전소가 많을수록 사고 발생 가능성도 높아질 수밖에 없는 것은 어쩌면 당연한 결과일지 모른다. 스리마일, 체르노빌, 후쿠시마의 경우가 그렇다.

주변국의 원전 사고는 탈원전국가를 향한 국민의 열망을 더욱 키워왔다. 실제로 후쿠시마 원전 사고 이후 독일, 스위스, 이탈리아, 벨기에, 스웨덴은 탈원전을 선언했다. 이 외에도 오스트리아, 네덜란드, 스페인이 원전을 단계적으로 폐쇄하고 있다.

독일은 2011년 탈원전을 결정한 뒤, 2022년까지 모든 원전을 폐쇄하여 탈원전국가가 되겠다는 공식선언을 했다. 이에 따라 독일은 대안에너지와 재생에너지 개발을 통해 탈원전사회를 준비하고 있다.

스위스는 원자력발전 비중이 40%로 우리나라보다(30%) 더 높다. 그럼에도 불구하고 2017년 5월 21일(현지 시각) 국민투표를 실시하여 58.2%의 찬성 비율로 '에너지 전략 2050' 법안 지지 결정을 내렸다. '에너지 전략 2050'은 가동 중인 5기의 원전을 단계적으로 정지시키겠다는 탈원전 법안으로서 1인당 에너지 소비량을 줄이고(2020년까지 16%, 2035%까지 43%), 태양광과 풍력발전량을 2035년까지 4배 이상(11,400GWh) 늘리겠다는 계획이 담겨 있다(스위스의 전력 생산량 중 원자력발전 비중=35%, 수력=60%, 풍력 및 태양광=5%). 그리고 재생에너지발전에 필요한 보조금을 지급하며, 2019년에는 가동 중인 베츠나우 원자력발전소를 폐쇄한 후, 나머지 원전도 안전검사 기간이 종료되면

독일
- 2011년 탈원전 결정
- 2022년까지 모든 원전 폐쇄

이탈리아
- 1987년 국민투표로 탈원전 결정, 30년간 모든 원전 폐쇄
- 2011년 국민투표, 원전 재도입 반대 94% 결정

스웨덴
- 탈원전 위해 2025년까지 재생에너지 50%, 2040년까지 100% 대체 계획 수립

벨기에
- 2003년, 신규 원전 건설 없이, 원전 수명 40년으로 제한하는 점진적 탈원전 법률 제정

오스트리아
- 1978년 츠벤덴도르프 원전 완공했으나, 국민투표로 가동하지 않고 폐쇄
- 원전 6기 건설계획 취소

스위스
- 2017년 5월 국민투표 통해, 원전 폐쇄하고 재생 가능한 에너지로 대체하는 '에너지 전략 2050' 법안 지지 결정, 2019년부터 단계적 폐쇄 추진

한국
- 2017년 6월 정부, 탈원전 선언
- 수명 연장 금지, 신규 건설 백지화 및 신고리 5·6호기 건설 중단 및 공론화 결정

탈원전 선언 국가들

2050년까지 모두 폐쇄할 예정이라고 밝혔다.

앞서 스위스 정부는 2011년 후쿠시마 사고 이후, 가동 중인 원자력발전소 5기에 대하여 가동 중단 여부를 검토해온 바 있다. 2017년 국민투표를 거치며 6년 만에 에너지 전략을 확정한 것이다. 스위스 정부는 향후 신규 원자력발전소 건설을 하지 않을 것이며, 노후 원자력발전소의 수명을 연장하지 않겠다고 밝혔다(〈탈핵신문〉 2017. 7). 유럽에서 일본의 후쿠시마 사고 이후 원전 퇴출을 실행에 옮긴 첫 번째 국가인 독일에 이어 스위스는 유럽 내 원전 퇴출을 실행한 두 번째 국가에 이름을 올리게 되었다.

세계적인 원자력발전 강국인 프랑스도 2017년 7월 10일, 2025년까지 원자력발전소 17기(현재 원자력발전소 중의 1/3)를 폐쇄할 예정임을 밝혔다. 현재는 원자력발전 비중이 75%로 그 의존도가 매우 높음에도 불구하고 원자력발전의 위험성을 인지하여 향후 원자력발전 비중을 50%로 낮추는 법안을 통과시킨 것이다. 그 대안으로 첫째, 재생에너지 비중을 높이는 정책을 만들고, 둘째, 2040년까지 프랑스에서 모든 휘발유 및 경유 자동차의 판매를 금지한다는 계획을 발표했다. 향후에는 하이브리드 차량, 전기차의 비중(현재 3.6%의 비중)을 높이겠다는 것이다.

우리나라도 2017년 6월, 문재인 대통령을 주축으로 정부 차

국민투표에서 YES(Oui) 표를 달라는 의미를 담아 탈핵단체 및 녹색당 등이 배포한
스위스의 '원자력발전소 폐쇄'를 위한 주민투표 홍보용 배지

원에서 탈원전 선언을 하며, 노후 원전에 대한 수명 연장 금지, 신규 계획 원전의 전면 백지화, 신고리 5·6호기 건설 중단 및 공론화 결정을 내려 탈원전사회로 진입하기 위한 첫걸음을 내딛고 있다.

탈원전사회를 위한 국가로서의 정책 숙제

주변국의 탈원전사회를 위한 계획을 정리하면 다음과 같이 요약된다.

- 먼저 탈원전사회로의 진입을 위해 정당한 절차를 거쳐 사회적인 합의를 이끌어내고, 이를 국제사회에 공식적으로 선언
- 원전의 단계적 폐쇄 계획 수립
- 원전 의존도, 변화 달성도 등을 구체적 수치로 목표화
- 대안에너지 및 재생에너지 개발을 통한 대안 마련
- 새로운 원전 건설을 과감하게 중단
- 노후 원전 수명 연장 금지
- 재생에너지 확대를 위한 정책 마련(태양광발전 시설 증설, 재생에너지를 통해 생산된 전력의 가격을 국가 차원에서 보증, 재생에너지발전에 필요

한 보조금 지급)

– 1인당 에너지 소비량 감축 계획 수립하여 에너지 소비량 조절

– 휘발유 및 경유 자동차 판매 금지하고 하이브리드 차량, 전기

차 비중 높이기 위한 정책 마련

사람들에게 흰 도화지를 주고 원자력의 과거, 현재, 미래를 그리라고 한다면 어떤 그림들이 만들어질까? 개개인의 이해관계가 다 다르기에 그림은 각기 다른 모습이겠지만, 각자가 지향하는 바는 한 가지 방향으로 모일 것이다. 바로 '살기 좋은 나라, 안전한 나라, 위험이 없는 나라'가 아닐까.

국가의 정책은 각계각층의 국민이 원하는 바를 면밀히 분석하면서도 다양한 측면을 고려하여 복잡한 과정을 거쳐 정해지는 것이다. 따라서 모든 국민의 요구를 만족시켜줄 수는 없겠지만 '국민의 생명과 안전'만큼은 최우선으로 두고 그에 따른 원전정책을 수립해야 한다는 원칙이 있어야 함에는 이견이 없을 것이다.

후쿠시마 원전 사고 이후 원전의 안전성에 의구심을 갖는 시민들의 불안감이 고조되었고, 그만큼 새로운 정부의 탈원전 정책에 대한 국민의 기대감이 높다. 부디 실효성 있는 탈원전 정책이 마련되고, 이를 바탕으로 모든 사회 구성원들의 적극적인 관심이 하나로 모여, 탈원전사회로 깊숙하게 진입할 수 있

는 대한민국이기 되기를 바란다.

탈원전사회를 위한 물꼬 트기

탈원전사회를 주장하는 시민단체 및 여러 환경단체 등에서는 수년 전부터 노후 원전의 수명 연장과 신규 원전 허가를 원천적으로 금지해달라는 요구를 지속적으로 제기해왔다. 시민단체들은 노후화된 원전의 재연장 운용 승인 자체가 무리한 결정이었다고 한목소리를 냈다.

2017년 10월, 청와대에서는 문재인 대통령 주재로 국무회의를 열어 '신고리 원전 5·6호기 공사 재개'에 대한 공론화 후속조치 및 탈원전사회를 위한 에너지 전환 로드맵' 안건을 의결했다.

정부에서 밝힌 에너지 전환 로드맵에 따르면 천지 1·2호기, 신한울 3·4호기, 추가로 건설 예정이던(이름 미정) 2개 호기 등 신규 원전 건설 계획은 전면 백지화된다. 또한 향후에는 수명이 끝나는(2038년) 노후 원전 14기의 수명 연장도 전면 금지할 예정이다. 월성 1호기는 조기 폐쇄할 예정으로 국내 원전은 2038년까지 총 24기에서 14기로 줄어들게 될 전망이다. 원전이 밀집되어 있는 지역(부산, 울산 등) 주민들의 불안감을 완화시키기 위해 '다수기 확률론적 안전성 평가 규제 방법론'을 만들어 동시다발적 사고 발생 시 안전성을 종합적으로 평가하는 방안도 마련할 예정이다.

원전시설의 존폐와 관련한 이해관계는 매우 복잡하게 얽혀 있다. 하지만 주목해야 할 것은 탈원전사회를 위해서는 정부의 의지도 중요하지만 그에 못지않게 국민들의 탈원전사회를 향한 목소리, 탈원전을 원하는 국민들의 의지가 매우 중요하다는 것이다. 탈원전은 더 이상 피할 수 없는 전 지구적 과제임을 공감하고 인식하는 사회적 계기가 마련되었다. 소극적이고 방관하는 국민보다 탈원전을 위해 적극적으로 고민하고, 실천하며, 참여하는 성숙한 시민의식의 염원이 모일 때 탈원전사회로 향하는 물꼬가 열릴 것이다.

세계는 탈핵의 길로
갈 수밖에 없다

핵이라고 하면 대부분의 사람들은 굉장히 무섭고 공포스러운 무언가를 상상하게 된다. 우리나라 입장에서는 핵을 꾸준히 개발해서 인류를 위협하는 북한이 생각나기도 하고, 핵의 무시무시한 파괴력과 원전 사고의 비참한 모습이 연상되기도 한다. 이처럼 핵이 우리에게 주는 이미지는 단연 부정적인 모습이 많다. 그럼에도 불구하고 인류는 원자력을 포기하지 않았다. 다른 발전소에 비해 비용이 상당히 적게 드는 경제성, 비용 대비 효율성 등 원자력발전이 가진 여러 가지 장점들은 인류 문명이 발전하는 데 작지 않은 역할을 해왔기 때문이다. 하지만 기존의 화석연료와 원자력(핵)발전 중심의 에너지 사용체계는 결과적으로 자연 파괴는 물론 인간에게 많은 공포와 위협을 안겨주었다. 세계를 위기에 빠뜨릴 뻔했던 원전 사고가 가져온 엄청난 피해와 그 피해의 공포를 늘 짊어지고 살아야 하는 인류는 탈핵에 대한 가장 진지한 고민과 실천을 시작하고 있다.

탈핵의 사전적 의미는 핵 중심의 에너지 의존체제에서 벗어나는 것을 의미한다. 이미 세계 여러 나라들은 탈핵을 지향하고 있다. 특히, 유럽 및 일본, 미국 등의 국가들은 국가 차원에서 탈핵에너지로의 전환을 위한 로드맵과 실행체계를 마련하고, 탈핵의 방향에 부합하는 신재생에너지 개발에 힘을 쏟으며, 사회 전반에서 에너지 전환의 바람을 불러일으키고 있다. 상대적으로 에너지 수입의존도가 높은 우리나라는 탈핵의 길로 가겠다는 선언은 했지만, 신재생에너지에 대한 투자가 쉽지 않은 경제적·정치적·사회적 측면들 때문에 온전한 탈핵의 길로 나아가지 못한 채 발만 동동 구르고 있다. 다른 많은 국가들 역시 탈핵의 길로 가는 것이 옳다고 인식하면서도 쉽게 원자력발전을 멈출 수 없는 상태라 확실한 탈핵을 실천하는 데 어려움을 겪고 있다. 하지만 중요한 것은 전 세계 많은 국가들이 이미 탈핵을 추구하며, 이 방향에 맞추어 에너지 사용체계 및 시스템과 흐름을 바꾸고 있다는 것이다.

신재생에너지 개발이
왜 필요한가?

그렇다면 신재생에너지는 왜 등장하게 된 것일까? 과학자들은 왜 신재생에너지를 개발하기 위해 끊임없이 연구하고 노력하고 있는 것일까?

그 이유를 알아보기 위해 먼저 화석연료에 대해 살펴보도록 하자. 인류는 문명 이래로 많은 물질적 발전을 이루었다. 인류의 문명이 이렇게까지 발전하게 된 것은 석유, 석탄, 천연가스 등의 화석연료를 통해 얻게 되는 수많은 효율과 편리 덕분이었다. 하지만 끝이 보이지 않을 것 같았던 화석연료 이용이 난관에 봉착했다. 계속되는 인구의 증가로 화석연료는 인류의 수요를 따라가지 못하게 된 것이다. 그 때문에 많은 사람들이 화석연료가 지니고 있는 유한성에 관심을 갖기 시작했다. 수많은 학자들은 석유, 천연가스, 석탄이 고갈되는 것은 시간문제라고 지적하며, 석유는 40~50년, 천연가스는 60~70년, 석탄은 250~260년의 시간밖에 남지 않았다고 말한다.

화석연료가 인류에게 던져놓은 문제는 단순히 유한성만이 아니다. 무엇보다도 대량의 이산화탄소 배출로 지구온난화의 주요 원인이 되었으며, 대기·수질·토양 등 환경 전반에 각종 문제를 일으켰다. 구체적으로 살펴보면, 화석연료의 연소로 인해 배출되는 오염물질들은 공기와 섞여 대기 오염을 일으켜 스모그 현상, 미세먼지 등 여러 오염을 발생시켰다. 또한, 채굴·운반하는 과정에서 유출된 석유는 인근 하천, 강으로 흘러들어 수질을 악화시키기도 했다. 자연은 유기적으로 연결되었기에, 이러한 환경오염은 결과적으로 생태계의 자연스러운 흐름을 파괴하기에 이르렀고 이 여파는 인간에게

화석연료의 남은 사용 기간

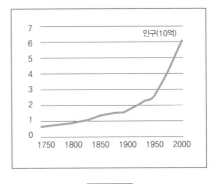

급격한 인구증가

악영향을 끼쳤다. 그 때문에 인류는 호흡기 질환, 환경 호르몬 노출 등 각종 질병을 달고 살게 되었다.

모든 환경문제가 꼬리에 꼬리를 물고 이어지고 있을 때, 화석연료의 대안으로 등장한 것이 바로 원자력이다. 원자력발전

의 원료인 우라늄은 석탄, 석유와는 다르게 이산화탄소 배출량이 매우 적고 비용 대비 효율이 매우 높아 일찍이 화석연료를 대체할 에너지로 주목받아왔다. 특히, 에너지 자립도가 매우 낮은 우리나라에서 원자력은 에너지 수급 안정화를 위해 놓칠 수 없는 자원으로 여겨졌다. 이에 국내 및 세계 각국의 정부와 기업 들은 원자력발전소를 점차적으로 늘리고 원자력발전 사업을 적극적으로 추진했다. 하지만 원자력발전은 스리마일, 체르노빌, 후쿠시마 원전 사고에서 본 것처럼 인류를 재앙으로 만들 수 있을 만큼 굉장히 위험하고 치명적인 이중성을 지니고 있다. 여론을 수렴하지 않은 채 원자력발전소를 늘리는 것은 원전 사고에 대한 불안을 가중시킬 뿐이었다. 그리고 원자력 폐기물 관리 및 처리에 대한 해결책이 명백하지 않은 상황에서 인류는 방사능 노출에서 자유로울 수 없게 되었다.

우리나라 역시 지진 등의 자연재해로부터 안전한 나라가 아니며, 현재 국내의 원자력발전소에서도 크고 작은 사고들이 비일비재하게 발생하고 있다. 위험성을 내포하고 안전성이 보장되지 못한 원자력발전은 우리 사회의 미래를 공포 속에 내놓는 것과 같다. 당장의 에너지 비용을 줄이기는 하겠지만, 먼 미래를 내다봤을 때 이는 인류에게 더 큰, 어마어마한 비용을 지불하게 할 것이며, 최악의 경우 인류의 삶의 터전을 파괴할 것이다.

이렇게 화석연료와 원자력은 인간에게 유용한 물질적인 혜택을 줌과 동시에 인간과 환경에 치명적인 부작용 또한 안겨주었다. 이에 자연과의 공존을 위해 인류는 에너지 시스템, 환경오염 가능성, 미래세대의 고통에 대해 걱정하지 않을 수 없게 되었다. 에너지의 존재는 인류가 살아가는 데 필수불가결한 요소이므로 기존의 화석연료와 원자력을 대체할 새로운 에너지 개발은 불가피하다. 이러한 상황에서 신재생에너지는 미래를 이끌어갈 주요 에너지로서 인류의 존속과 번영, 환경과의 공존을 동시에 해결할 수 있는 유일한 대책으로 자리 잡게 되었다.

신에너지에는
무엇이 있나

어느새 신재생에너지라는 용어가 많은 사람들에게 익숙해지고 있다. 각종 온/오프라인 뉴스, 포럼, 세미나 등에서 굉장히 자주 언급되는 신재생에너지는 신에너지와 재생에너지를 합쳐서 부르는 용어다.

우리나라에는 〈신에너지 및 재생에너지 개발·이용·보급촉진법〉이 있다. 줄여서 '신재생에너지법'이라고 하는데, 여기에는 신에너지, 재생에너지의 정의와 종류가 설명되어 있다. 이

법에 의하면 '신에너지'란 기존의 화석연료를 변환시켜 이용하거나 수소·산소 등의 화학반응을 통해 전기 또는 열을 이용하는 에너지로서 수소에너지·연료전지·석탄을 액화 및 가스화한 에너지·중질잔사유를 가스화한 에너지, 그 밖에 석유·석탄·원자력 또는 천연가스가 아닌 에너지가 있다. '재생에너지'란 햇빛·물·지열·강수·생물유기체 등을 포함하는 재생 가능한 에너지를 변환시켜 이용하는 에너지로 태양에너지, 풍력·수력·해양에너지·지열에너지·생물자원을 변환시켜 이용하는 바이오에너지, 폐기물에너지 등이 있다.

그렇다면 신에너지와 재생에너지의 종류와 특징에 대해 좀 더 구체적으로 살펴보자.

우선, 신에너지에는 대표적으로 수소에너지, 연료전지, 석탄액화가스 에너지 등이 있다.

수소에너지는 말 그대로 수소를 연소시켜 얻는 에너지다. 수소는 물(H_2O)을 구성하는 핵심원소로 물이나 유기물질을 변화시켜 새로운 에너지를 생산해내고 사용 후에는 다시 원래의 모습인 물로 돌아가기 때문에 청정에너지의 하나로 각광받고 있다.

수소에너지의 장점은 무소음·무공해·무한정으로 요약할 수 있다. 수소차를 타면 대부분의 사람들이 소음이 없다는 것을 느낄 수 있다. 또한, 수소에너지는 에너지를 사용하고 난 후에

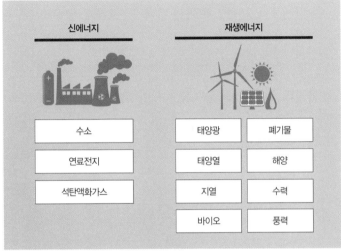

신에너지와 재생에너지의 종류

도 물이 생성되므로 무공해로 볼 수 있으며, 물을 전기분해하면
서 만들어지므로 무한적으로 사용할 수 있다는 장점도 있다.

　그렇다면 수소에너지의 단점과 한계에는 어떠한 것들이 있
을까? 우선 저장문제가 있다. 일상 속에서 수소를 저장하는 데
는 매우 많은 비용이 소모된다. 또한 수소라는 원소는 가연성·

폭발성을 가지고 있는 기체다. 영화 〈체인리액션〉에는 수소로 만들어진 발전기가 엄청난 폭발을 일으켜 인류에게 비극을 안겨주는 장면이 등장해 많은 관객에게 놀라움을 주었다. 종합적으로 가연성·폭발성을 가지는 수소를 저장하고 생산하는 비용이 매우 커 많은 산업 분야에 이를 활용하기에는 어려움과 한계가 있다. 그럼에도 불구하고 최근에는 수소에너지의 단점을 보완하기 위해 지속적인 연구를 실시하며 개선책을 모색하고 있다.

영화 〈체인리액션〉 포스터(위)와
영화에 등장한 수소발전기

현재 우리가 이용하는 대부분의 자동차들은 주유소에서 휘발유, 경유 등을 주유하여 얻는 에너지로 움직인다. 하지만 석유의 유한성, 고유가, 환경오염 유발 등 여러 가지 문제점은 이동수단에 대한 변화를 예고하게 되었다. 휘발유·경유 차량의 대안으로 최근에는 전 세계적으로 전기차가 대량으로 보급되고 있는 상황이다. 우리나라 역시 전기차 보급이 증가하고 있다. 하지만 전기차는 짧은 주행거리와 긴 충전시간, 배터리 교체 비용, 충전소 인프라 부족 등 단점이 많아 아직 대중화되지 못하고 있다. 이러한 상황에서 전기차의 단점을 보완한 미래 세대의 차로 수소차가 떠올랐다. 수소차는 '수소연료전지 자동차'의 줄인말이다. 수소차는 수소와 물을 이용해 전기를 일으키고 이 힘으로 동력을 발생시켜 자동차를 움직이게 하는 원리로 만들어졌다. 미래 자동차 시대는 수소차가 큰 인기를 끌며 대중화될 것이라는 기대감이 높아지고 있다.

특히, 우리나라를 비롯한 독일, 일본 등 여러 나라들은 수소차 보급 및 확대를 통해 수소에너지를 적극 활용하는 모습을 보여주고 있다. 수소연료전지를 주입할 수 있는 수소 스테이션을 상용화하는 것도 수소차 대중화에 기여할 수 있을 것이다. 이처럼 수소에너지는 수소차 이외에도 가정에 전기와 열을 공급하는 연료로 활용되고 반도체 및 철강 등 많은 산업 분야에서 기대가 큰 에너지 자원임에 틀림없다.

다음으로, 신에너지 중 연료전지는 수소와 산소의 화학에너지를 전기에너지로 변환시켜 얻는 에너지를 말한다. 즉, 연료전지는 수소와 산소의 비연소 과정인 전기화학반응을 통해 전기를 생산하는 발전장치로 볼 수 있다. 기존의 전기를 얻는 방식은 연료를 통해 전기를 생산하는 것이었다. 하지만 연료전지

우리나라에서 개발·생산한 수소차

를 사용하면 연료를 태우지 않고 전기화학반응을 통해서 전기를 생산해내므로 무공해일 뿐만 아니라, 물과 전기만으로 무제한 에너지를 만들 수 있다. 또한 기존의 전기발전 방식과는 다르게 전기가 필요한 어느 곳에서나 손쉽게 설치하여 전기를 얻을 수 있으므로 송전탑에 들어가는 비용을 절약할 수 있다. 이 외에도 접근성이 매우 높아 자동차, 인공위성 등의 독립 전원으로 개발되기 시작하며 미래의 신에너지로 각광받고 있다. 하지만 연료전지 생산에 필요한 수소를 생산하고 운반, 저장하는 데 여러 가지 어려움이 있다.

연료전지는 지역발전과 중앙집중발전에 모두 활용할 수 있으며 수송용과 휴대용을 별도로 개발해 상용화할 수 있을 만큼 발전 범위가 매우 크다. 연료전지를 사용해 제품을 만들어 시장에서 상용화한다면 연료전지의 장점이 극대화될 것으로 예상된다. 현재 발전용 연료전지 분야에서는 미국과 우리나라가 주도적으로 기술을 발전시켜가고 있다.

마지막으로 살펴볼 신에너지는 석탄을 가스화·액화한 에너지다. 이는 말 그대로 석탄을 가스화하거나 액체연료로 전환시켜 전기를 생산해내는 신에너지다. 기존의 화석연료였던 석탄 등에 높은 열과 압력을 가해 합성가스와 액체연료로 바뀌게 한다. 이 과정에서 석탄의 해로운 불순물이 자연스럽게 걸러지게 되고 석탄은 친환경적인 미래 에너지로 탈바꿈하게 된다. 석탄액화기술은 직접기술과 간접기술로 나눌 수 있다. 직접기술

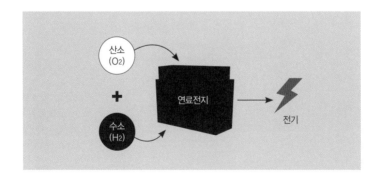

연료전지의 원리

은 고온과 고압에서 석탄을 분해해 녹인 후, 촉매와 수소를 통해 안정화하여 액체연료로 전환시키는 기술이다. 간접기술은 먼저 석탄을 수증기와 산소로 반응시켜 가스로 전환시킨다. 이 과정에서 불순물을 제거하며, 철이나 코발트 등의 촉매를 활용해 다시 탄화수소 화합물로 전환시키는 과정을 거친다. 현재 남아프리카공화국의 사솔과 미국의 HTI 등의 기업은 석탄액화기술을 활용한 사업을 실시하고 있다. 이와 더불어 전 세계는 석탄액화기술 공장을 확산시키는 추세에 있다. 에너지 안보 및 에너지 개발 기술력 발전을 위해서 우리나라 역시 많은 관심을 갖고 있다.

재생에너지에는 무엇이 있나

재생에너지 분야는 신에너지보다 좀 더 다양하다. 재생에너지는 자연환경을 에너지로 변환시켜 활용하는 에너지원이다. 예를 들면, 햇빛·해양·생물유기체·강수 등 다양한 자연환경을 변환시켜 에너지로 활용하는 것이라 할 수 있다. 앞에서 언급한 〈신에너지 및 재생에너지 개발·이용·보급촉진법〉에 따르면 재생에너지의 종류에는 태양광, 태양열, 풍력, 수력, 해양에너지, 지열에너지, 생물자원을 변환시켜 이용하는 바이오에너지, 폐기물에너지 등이 있다. 과거부터 현재, 미래까지 가장 많이 활용될 지속 가능한 에너지로 불리우는 재생에너지의 8가지 분야를 중점적으로 살펴보자.

가장 먼저 알아볼 에너지는 태양과 관련된 에너지다. 태양에너지는 지구에서 가장 큰 에너지원이다. 태양광에너지와 태양열에너지는 용어가 매우 비슷해 주의할 필요가 있다. 두 에너지 모두 태양에너지를 사용한다는 점에서는 같지만 명백한 차이가 있다.

첫째, 태양광에너지는 태양광발전 시스템을 이용하여 빛에너지를 모아 전기로 변환시킨 것이다. 태양광의 광光은 태양의 빛을 의미하는 한자어다. 즉, 태양광은 태양의 빛을 이용한 에너지라고 볼 수 있다. 태양광은 주로 태양전지, 축전지, 전력변환장치 등을 통해 빛을 전기에너지로 변환시켜 전기를 생산하는 데 사용된다.

둘째, 태양열에너지는 태양에서 나오는 따뜻한 열 형태의 에너지를 뜻한다. 태양열의 열熱은 덥다는 뜻의 한자어다. 태양열에너지는 태양에서 지구에 도달하는 열, 즉 태양의 뜨거운 온도를 이용한 에너지를 의미한다. 태양열은 집열기에 모인 열, 즉 태양에서 나오는 따뜻한 열을 사용하여 건물을 따뜻하게 유지하거나 물을 데우는 등 난방을 할 때 사용된다.

© Kim Hansen

덴마크 미델그룬뎀 해상풍력발전소

© 林慕光

중국 신장에 있는 풍력발전소

셋째, 바람을 활용한 풍력에너지다. 풍력에너지는 바람을 에너지원으로 활용하여 전기를 생산하는 시스템이다. 풍력발전은 발전 과정에서 오염물질을 배출하지 않고 자원의 고갈 우려가 없어 청정에너지로 손꼽힌다. 하지만 풍력에너지는 생산할 수 있는 에너지의 양이 적기 때문에, 많은 에너지를 생산하기 위해서는 넓은 부지가 필요하다. 또한 풍력발전기에서 들리는 저주파 소음으로 인해 사람이 인접하지 않은 곳에 설치해야하며, 바람의 속도나 방향, 힘 등이 일정하지 않을 때가 많아 에너지원을 모으는 데 어려움이 있다. 이 외에도 미관상 보기 좋지 않다는 단점도 있다.

넷째, 수력을 이용해 전력을 생산하는 수력에너지가 있다. 수력발전은 물의 낙하, 압력에 의해 생기는 힘으로 전기를 만들어낸다. 수력에너지는 타 에너지원에 비해 발전 생산원가가 저렴한 편이고, 폐기물과 이산화탄소 배출량도 극히 적은 청정에너지다. 하지만 수력발전은 지형적 입지조건이 까다롭다는 단점이 있다. 풍부한 수량이 있어야 하며 하천의 기울기, 견고한 지대 등 댐을 건설하기에 유리한 지형적 요인 등 입지조건에 제약이 있어 적절한 지형을 찾는 것이 가장 먼저 해야 할 일이다.

다섯째, 해양에너지는 파도, 조력, 염도, 해양의 온도 차 등에서 발생하는 에너지다. 해양에너지는 활용방법에 따라 조류

유럽해양에너지시험센터의 파력발전 변환기

발전 방식, 조력발전 방식, 파력발전 방식 등으로 나눌 수 있
다. 조류발전은 말 그대로 조류의 흐름을 이용한 발전방식으
로, 물살이 빠른 곳에 설치된 발전기를 통해 전기를 생산한다.
조력발전 방식은 조수간만의 차를 이용해 전기를 생산하는 방식이다. 조력발전 방식은 조수간만의 차가 커야 많은 에너지를 얻을 수 있으므로 지역적 조건이 매우 중요하다. 파력발전 방식은 파도의 힘을 이용해 전기를 생산하는 것이다. 이 외에도 바닷속과 바다 표면의 온도 차를 이용해 에너지를 생산해내는 해양 온도 차 에너지 방식도 있다.

여섯째, 지하에 존재하는 뜨거운 물과 돌 등 땅이 가지고 있는 에너지를 이용해 전기를 생산해내는 지열에너지가 있다. 온천이나 수영장, 지역난방 등에서 땅속의 열인 지열을 직접적으로 실생활에 사용하는 방식과 지열에너지를 다른 에너지로 변환시켜 사용하는 방식 등 다양하게 에너지를 활용할 수 있다. 지열은 에너지를 땅속에서 생산하므로 설비 초기비용이 타 에너지원에 비해 적은 편이며 땅속의 열만 활용하므로 환경오염물의 배출도 극히 적은 편이다. 지열에너지를 적극적으로 활용하는 나라로는 아이슬란드가 있다. 아이슬란드는 지열발전을 통해 많은 에너지를 얻을 뿐만 아니라 지열에너지 사용량 또한 매우 높은 것으로 알려져 있다. 하지만 지열에너지는 적합한 지형을 가진 곳을 찾는 것이 쉽지 않다는 단점이 있다.

일곱째, 생물체의 에너지원인 바이오매스로부터 얻는 에너지를 일컫는 바이오에너지가 있다. 바이오스매스란, 동물과 식물뿐만 아니라 동식물로부터 파생된 물질의 생물유기체를 모두 포괄하는 용어다. 바이오매스를 에너지로 전환하는 기술

아이슬란드의 지열발전소

바이오매스를 이용해 에너지를 얻는 장치

에는 여러 가지가 있다. 바이오매스를 직접 연소시켜 에너지를 얻는 직접연소법, 열분해와 고압액화 및 가스화 등의 열화학적 변환기술, 바이오매스의 수분 함량에 따라 처리 과정을 달리하는 생물학적 변환법 등의 기술을 통해 바이오에너지를 효율적으로 이용할 수 있다. 환경과 에너지 문제를 해결하기 위해 바이오매스를 활용한 에너지 기술은 유망한 미래 기술의 하나다. 풍부한 자원을 활용한 만큼 파급효과 역시 크며, 연료와 전력, 천연 화합물까지 생성 에너지의 형태가 다양해 응용 가능성이 높다는 장점이 있다. 하지만 과도한 이용 시 아이러니하게도 에너지원 확보를 위해, 에너지원이 밀집되어 있는 산림을 파괴하고 고갈시키는 등 환경파괴의 가능성이 존재하며, 다양한 바이오매스에 따른 다양한 기술을 개발하는 데 어려움이 있고, 산재된 자원을 수집하고 수송하는 데 많은 경제적 비용이 들 수 있다.

여덟째, 에너지 함량이 높은 폐기물을 활용해 고체 및 액체, 가스연료, 폐열 등을 생산하는 재생에너지인 폐기물에너지가 있다. 폐기물에너지는 우리나라에서 신재생에너지 중 가장 많이 활용되고 있는 에너지로, 쓰레기 등의 폐기물을 사용하므로 쓰레기를 줄이는 효과가 있고, 고체나 액체, 가스 등 다양한 에너지원으로 변형이 가능하기 때문에 수익성 및 경제성이 매우 높아 미래의 재생에너지로 주목받고 있다. 하지만 폐기물을 소각하거나 처리하는 과정에서 또 다른 환경오염을 불러올 수 있고, 처리 기술이 매우 복잡하다는 단점이 있다.

신재생에너지의 가능성

지금까지 다양한 신재생에너지를 살펴보았다. 그렇다면 신재생에너지는 과연 장점만 있는 것일까? 우리는 신재생에너지가 미래의 대체에너지로서 중요한 역할을 할 것이라고 예측하고

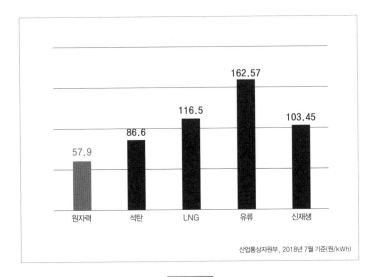

에너지별 발전원가

신에너지 특징

	개념	장점	단점
수소에너지	수소를 연소시켜 얻는 에너지	• 무소음·무공해·무한정	• 폭발의 위험성
연료전지	수소와 산소의 화학에너지를 변환시켜 얻게 되는 전기에너지	• 비연소 과정이므로 불순물이 없음 • 무제한으로 에너지를 공급할 수 있음	• 수소의 생산, 운반, 저장 과정에 어려움이 있음
석탄을 가스화·액화한 에너지	석탄을 가스화하거나 액체연료로 전환시키는 에너지	• 고효율 에너지 생성 가능	• 설비의 구성이 복잡함 • 투자비용이 높음

재생에너지 특징

	개념	장점	단점
태양광	태양광발전 시스템을 통해 빛에너지를 전기로 전환시키는 에너지	• 무공해 • 무제한 이용 가능	• 초기 투자비용이 큼 • 에너지 밀도가 낮음
태양열	태양에서 나오는 따뜻한 열 형태의 에너지	• 청정에너지 • 난방 등에 사용	• 초기 투자비용이 큼 • 에너지 밀도가 낮고 일관적이지 않음
수력 에너지	물의 낙하, 압력에 의해 생기는 힘을 이용한 에너지	• 청정에너지 • 신재생에너지 중 발전원가 저렴한 편	• 적합한 지형 선정 어려움
풍력 에너지	바람을 활용하는 에너지	• 청정에너지 • 자원고갈 우려 없음	• 부지 확보 필요 • 미관상 좋지 않음 • 소음 유발
바이오 에너지	바이오매스로부터 얻는 에너지	• 생성 에너지 형태가 다양함 • 높은 경제성	• 산림고갈 우려 • 수송비용
해양 에너지	파도, 조력, 염도, 해양의 온도 차 등에서 발생하는 에너지	• 장소 제한 없음 • 무제한 이용 가능	• 변화를 예측하기 어려움
지열 에너지	땅이 가지고 있는 에너지를 이용해 전기를 생산	• 환경오염물 배출 적음	• 지형적 조건을 찾기가 까다로움
폐기물 에너지	폐기물을 활용해 고체, 액체, 가스연료, 폐열 등을 생산하는 에너지	• 다양한 에너지원으로 변형 가능 • 수익성 및 경제성이 매우 높음	• 처리기술이 매우 복잡 • 쓰레기 처리 과정에서 또 다른 환경오염 가능성

있지만, 이것이 현실화되기까지는 엄청난 기회비용이 따를 수 있음을 염두에 두어야 한다. 특히, 신재생에너지원인 태양광, 풍력, 바이오, 해양 등의 대체에너지를 확보하기 위해서는 막

대한 초기비용이 든다. 이러한 초기비용에 비해 단기적인 수익이 크지 않을 뿐만 아니라 장기적으로도 수익률이 완만하게 상승하는 편이다. 그렇다 보니 이윤 창출이 목표인 기업의 입장에서는 쉽사리 투자를 할 수 없다. 우리 정부와 기업, 세계 각국 역시 투자금에 대한 우려가 커 쉽사리 신재생에너지 사업을 전면적으로 확대하지 못한 채, 서로 눈치싸움만 하고 있는 중이다. 일부 기업들이 신재생에너지 사업에 꾸준히 투자하고 있지만 이는 극히 작은 규모일 뿐이다. 또한 대부분의 신재생에너지는 자연을 활용하기 때문에 예측이 어렵다. 자연현상은 인간이 완벽하게 제어할 수 없는 영역이므로 예측 가능한 선에서 에너지를 만들어내기에는, 보급 안정성 및 제작 과정이 복잡하고 어려운 면이 있다.

한순간에 원자력발전을 멈추는 것은 불가능하며 탈원전을 실현하기 위해서는 많은 노력이 필요하다. 무엇보다 에너지 과잉 시대에서 벗어나, 에너지에 대한 세계 시민들의 의식 자체가 변화해야 한다. 전문가들에 의해 도출된 다양한 정책, 국민투표, 정치권 합의 등 여러 단계와 과정을 거치면서 세계는 복합적으로 탈원전의 발향으로 나아갈 수 있는 초석을 마련해야 한다. 이 외에도 무수히 많은 변화와 노력이 필요한 가운데, 인류는 지금이라도 늦지 않았다는 생각으로 반드시 탈원전을 추구해야 한다. 장기적인 관점에서 에너지 전환 흐름은 신재생에너지로 갈 것임이 분명하기에, 우리는 신재생에너지를 포기해서는 안 된다. 신재생에너지의 무한한 가능성과 자연과 공존하는 인류의 존속과 번영을 위해 신재생에너지의 긍정적인 측면을 잊어서도 안 된다.

세계 각국의 신재생에너지 현황

세계의 신재생에너지 산업은 2004년경 본격적으로 시작되어 연평균 24% 정도 성장하는 중이다. 기존의 화석연료와 원자력이 지닌 환경파괴 문제, 탄소배출, 각종 사고 위험, 다음 세대 인류에게 미칠 부정적인 영향 등으로 인해 신재생에너지에 대한 국제적 관심이 커지면서, 일부 나라들은 신재생에너지 개발에 주력하는 모습을 보이고 있다.

특히, 유럽권 국가들은 일찌감치 신재생에너지 기술에 많은 투자와 노력을 기울여왔다. 후쿠시마 원전 사고 이후 독일은 공식적으로 탈핵을 선언하며(2011년) 17개의 원자력발전소 중 9개 원자력발전소의 가동을 중단했고 향후 2022년까지 모든 원자력발전소의 가동을 중단할 계획을 가지고 있다. 독일은 또한 과거 미국에서 시행했던 공익사업규제정책법을 참고한 발전차액지원제도를 도입, 신재생에너지 개발을 촉진하기 위해 가격과 생산을 보장하기 시작했다. 스위스, 스페인, 벨기에, 이탈리아 역시 후쿠시마 원전 사고 이후 탈핵을 선언했다(그리스, 오스트리아, 포르투갈, 노르웨이, 룩셈부르크, 덴마크 등은 처음부터 원자력발전을 거부했다). 이 외에도 유럽은 난방 연료의 2/3 정도를 바이오매스로 충당하고, 내연기관차량 판매금지법(프랑스와 영국은 2040년부터 금지, 독일은 2030년부터 금지, 네덜란드는 2025년부터 금지 등)을 통과시키는 등 수소버스, 수소선박, 수소기차 등 수소를 활용한 친환경차 정책을 펼치고 있다. 유럽권 국가들은 타 지역 국가들보다 더욱 적극적인 신재생에너지 활성화를 위한 행보를 걷고 있다.

우리나라와 인접해 있는 일본은 2017년 4월, 세계 최초로 수소사회를 실현하겠다고 선언하며 2020년까지 수소자동차를 약 4만 대로 확대하고 수소 충전소 역시 2025년까지 320여 곳으로 늘리겠다는 로드맵을 발표했다. 또한 2030년까지 재생에너지 발전량을 전체 에너지의 20%까지 늘리는 것을 목표로 바이오매스 에너지 기술 개발, 온천에너지 활용, 발전단가가 높은 수력과 풍력발전에 대한 투자 등 다양한 분야에서 여러 정책과 사업을 전개하고 있다.

세계 에너지 강국 중 하나인 미국은 2014년 기준 재생 가능 전력의 48% 이상을 태양광발전이 차지하고 있으며, 각 주별로 자연환경과 지역적 특성을 고려해 신재생에너지발전소를 설립

했다. 또한 캘리포니아 등 10개 주에서는 무공해차의 판매 비율을 강제로 정해서 수소차 이용을 독려하고 있다.

중국은 2005년 신재생에너지법을 발표하면서 선전 지역에 개발되는 신축 건물에 태양에너지 활용을 의무화했다. 또한 수소차 구매 보조금을 유지하고 수소 관련 부처를 중심으로 수소 인프라를 확충하기 위해 다양한 노력을 하고 있다.

이처럼 세계 각국은 미래 사회의 핵심 에너지이자 성장사업인 신재생에너지에 대한 주도권을 확보하는 쪽으로 에너지정책의 방향을 정하고, 이를 실현하기 위해 적극적으로 투자하고 있다.

우리나라의 현황

우리나라 역시 과거에 비해 신재생에너지에 대한 관심이 매우 높아지고 있다. 한국지멘스의 〈글로벌 에너지 연구 보고서〉(2013)에 따르면 국내 에너지의 구성 변화 중, 석탄의 비중은 2030년경 16% 이내로 줄어들 것이고, 탄소배출량도 현재에 비해 약 1/3가량 줄어들 것이라고 한다. 우리나라에서 5년을 주기로 발표하는 '에너지기본계획'에는 원전 비중 역시 2035년까지 약 30% 정도로 낮추고 신재생에너지 사업을 발전시키는 내용이 담겨 있다. 한국에너지공단에서 보급한 2018년도 〈신재생에너지보급사업 현황 자료〉에 따르면 일반 건물의 에너지 공급을 신재생에너지로 대체하여 신재생에너지 기술을 발전시키고 국내 기업의 시장 점유율을 확보하기 위해 정부 보조금 지원, 상용화 가능 기술을 활용한 설비 마련, 태양광 설치, 신재생에너지 융합 에너지 공급 시스템 설계 등 다양한 사업을 추진하고 있다.

2018년 겨울, 우리 정부는 평창 동계올림픽에서 차세대 수소차를 셔틀버스로 운행하면서 전 세계와 우리나라 국민들에게 수소에너지를 활용한 대중교통 현장을 보여주고, 지자체에 수소차와 수소버스를 확대시킬 계획을 고지하기도 했다. 또한 우리나라는 2004년부터 태양광주택사업을 실시하고, 2011년 발전차액지원제도를 도입하여 신재생에너지 개발에 필요한 비용을 지원해주기도 했다. 2012년에는 신재생에너지공급 의무화 제도를 운영하는 등, 매년 신재생에너지를 개발하고 활용하기 위해 많은 정책을 펼치고 있다. 특히 2017년, 정부에서는 탈원전을 위해 고리 1호기를 영구정지시키고 신고리 5·6호기를 재검토하며, 신규 원전을 중단하는 등 탈원전정책을 야심차게 준비하여 실행하고 있다.

하지만 우리나라는 아직도 전체 에너지 발전량의 대부분이 원자력과 화석연료에 치중되어 있고, 신재생에너지의 비율은

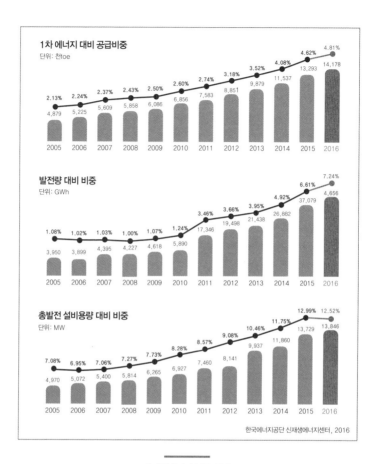

1차 에너지 대비 공급비중
단위: 천toe

2005 2.13% 4,879
2006 2.24% 5,225
2007 2.37% 5,609
2008 2.43% 5,858
2009 2.50% 6,086
2010 2.60% 6,856
2011 2.74% 7,583
2012 3.18% 8,851
2013 3.52% 9,879
2014 4.08% 11,537
2015 4.62% 13,293
2016 4.81% 14,178

발전량 대비 비중
단위: GWh

2005 1.08% 3,950
2006 1.02% 3,899
2007 1.03% 4,395
2008 1.00% 4,227
2009 1.07% 4,618
2010 1.24% 5,890
2011 3.46% 17,346
2012 3.66% 19,498
2013 3.95% 21,438
2014 4.92% 26,882
2015 6.61% 37,079
2016 7.24% 4,656

총발전 설비용량 대비 비중
단위: MW

2005 7.08% 4,970
2006 6.95% 5,072
2007 7.06% 5,400
2008 7.27% 5,814
2009 7.73% 6,265
2010 8.28% 6,927
2011 8.57% 7,460
2012 9.08% 8,141
2013 10.46% 9,937
2014 11.75% 11,860
2015 12.99% 13,729
2016 12.52% 13,846

한국에너지공단 신재생에너지센터, 2016

신재생에너지 보급 통계

극히 낮다. 2017년에 한국에너지공단과 신재생에너지센터에
서 발간한 〈2016년 신재생에너지 보급 통계〉에 의하면 2005년
부터 2016년까지 신재생에너지에 대한 생산량과 발전량은 모

두 꾸준히 증가하고 있지만 총발전량 대비 차지하는 비중이 매우 낮음을 확인할 수 있다. 또한 한국에너지기술연구원 발표 자료에 따르면 2018년 기준 실제로 이용 가능한 수소 충전소는 아직도 11곳에 불과하다. 이 외에도 〈신재생에너지 설비 산업의 역량 분석 및 정책 지원 방향 보고서〉에 의하면 신재생에너지 설비의 산업화 수준이 절반도 넘지 못하는 것으로 나타났다. 우리나라의 신재생에너지 기술 수준이 선진국에 비해 많이 부족하다는 지적도 꾸준히 제기되고 있다.

이처럼 우리나라는 세계의 동향에 맞는 미래 성장 산업인 신재생에너지 개발의 중요성을 인지하고 있음에도 불구하고 제대로 된 개발과 실천이 많이 미흡한 편이다. 이에 대한 진정성 있는 대책이 필요하다.

신재생에너지의 미래

미래사회는 신재생에너지를 이용해 에너지난을 극복하고 자연과 공존하는 시대로 나아가야 한다. 신재생에너지의 정착은 현재와 미래의 에너지난, 환경문제 등을 해결하기 위한 필수 대안이다. 신재생에너지의 보급을 확산시키기 위해서 몇 가지 필요한 선행과제가 있다.

첫째, 신재생에너지를 개발하고 기술을 발전시킬 수 있는 자금조달 문제를 해결해야 한다. 신재생에너지를 발전시키는 데는 무엇보다도 많은 경제적 비용이 예상된다. 한 사회의 에너지 체계를 바꾸는 것은 기존의 사회 인프라와 사람들의 일상을 바꾸는 엄청난 일이다. 또한 이익이 바로 생기는 일도 아니다. 따라서 우리나라뿐 아니라 세계 모든 나라들이 자금 조달 문제에 직면해 있다. 이를 위해 기존의 방식에서 나아가 새로운 자금 조달 방법을 구축할 필요가 있다.

둘째, 에너지 간 융합·복합적인 발전을 이끌어나가야 한다. 신재생에너지는 종류별로 장점과 단점을 모두 가지고 있다. 이에 한 가지 에너지의 특징을 개별적으로 활용하는 것이 아니라 통합적인 접근과 실행을 통해 에너지원 간의 상생을 추구할 필요가 있다.

셋째, 국민 개개인과 기업, 국가의 적극적인 노력과 관심이 필요하다. 국민은 에너지 절약을 몸소 실천하며 에너지정책에 관심을 가져야 하고, 기업은 미래 에너지에 적극적으로 투자해야 한다. 정부는 기업의 투자를 이끌고 올바른 방향으로 신재생에너지가 발전할 수 있도록 적극적인 지원을 해야 한다.

마지막으로 신재생에너지는 국제유가, 국제환경협약, 사회경제적 요인 등에 의해 영향을 받으므로 세계의 경제 및 에너지 분야의 흐름과 전망에 발맞추어 나아가야 한다. 정책 관계자들은 통찰력을 가지고 세계와 국내 시장을 파악하여 법적 안정성과 합목적성을 지닌 신재생에너지 정책을 펼쳐야 할 것이다.

이 외에도 자연적인 요인, 공급 안정성, 지형적 요건 확립, 예산 부족 등 수없이 많은 과제와 어려움이 있다. 신재생에너지에 투자하는 기업들을 적극적으로 지원해줘야 함은 물론 편리함에 익숙해진 전 세계 사람들에게 신재생에너지의 이점을 널리 홍보해서 인식의 전환을 마련해야 한다. 우리가 노력해야 할 부분은 수없이 많지만, 세계 각국이 자신들만의 방법을 찾아 천천히, 하나씩 해결해나간다면 어느 순간 세계의 에너지 시스템과 방향은 탈핵의 방향과 온전히 합치될 수 있을 것이다.